日本国際教育学会紀要

ISSN 0918-5364

国 際 教 育

2023年

第 29 号

JN077223

Journal of International Education No.29

日本国際教育学会

JAPAN INTERNATIONAL EDUCATION SOCIETY

表紙写真

Open Day, University of Sydney, Australia
(Photo by Takahito Sawada)

University Archives Office,
University of Sydney, Australia
(Photo by Takahito Sawada)

Sabil-Kuttab of Tusun Pasha in Khan El-Khalili,
Egypt (Photo by Mayumi Terano)

Faculty of Engineering, Alexandria University,
Egypt (Photo by Mayumi Terano)

国際教育
第 29 号
Journal of International Education

CONTENTS

ポストコロナ時代のシンガポールの教育政策と教育観・学力観 —差異化された教授・学習方法の展開—

石森　広美
（北海道教育大学）

〈キーワード：シンガポール／探究型学習／差異化／科目別教育／ポストコロナ〉

1. はじめに—高学力を維持する国家の展望

　2020年に台頭した新興感染症COVID-19は、社会全体のデジタル化を加速させ、教育界においてもオンライン学習を促進させる等、大きな変革をもたらした。世界中で感染拡大防止措置としての休校を余儀なくされ、家庭のICT環境や学校間格差等のデジタル・ディバイドという問題も露呈されることとなった（UNICEF, 2020）[1]。各国や学校が対応に追われるなか、以前からICT教育に力を入れてきたシンガポールの学校では、授業はほとんど途切れることなく提供されていた[2]。

　1997年以降、グローバル化に連動する知識基盤経済や生涯学習社会が強く意識された結果、シンガポールでは大きな教育政策の転換がなされた。"Thinking Schools, Learning Nation（TSLN）"を皮切りに教育方法や内容を改訂し、様々な知識の統合力、批判的思考力、創造力、応用力などの育成を重視する新たな方策を次々と展開してきた（Tan & Ng, 2008；石森, 2009a）。その方向性の延長上において、COVID-19の拡大に併走するように、ここ数年の間にシンガポールの教育界に再び大きな変革が起こっている。

　シンガポールは学力が高い国であると知られ、時代のニーズや産業界の要請を反映して新たに打ち出される教育政策は、関係者の関心を集めてきた。政府および国民の間には、天然資源を持たない小規模国家にとって人材が最大の資源であり、教育が最重要とのコンセンサスが存在する。「国際数学・理科教育動向調査

（TIMSS）」では数学・理科ともに常にトップレベルに君臨し、2015年の調査においても小中学校の全項目において1位を獲得している（IEA, 2016）。さらに、2009年に新規参入したPISAにおいても全分野にわたって常に上位を占め、読解力、数学的リテラシー、科学的リテラシーの全分野で1位、2018年調査では全分野で2位を獲得するなど、顕著な成果を上げている（OECD, 2021）。

　知識の「詰め込み型」やドリル演習のような教育が得意といわれてきたシンガポールの教育であるが、2000年頃から積極的な教育政策の転換を図り、活用能力や思考力、探究力育成を重視する政策を展開してきた（Gopinathan, 2001; 石森, 2009b, 2010）。知識の活用能力をみるPISAの好成績についてシンガポール教育省は、2010年から知識・技能・価値観をバランスよく育成する21世紀型能力育成（21st Century Competency（21CC）framework）を導入し、運用してきた結果であると評価している（The Strait Times, 2020）。

　これまでも、シンガポール政府は時代の動向を瞬時に捉え、教育政策に関する新ビジョンを発信してきたが、最近また興味深い動きがみられる。本稿では、2022年9月にシンガポールの教育関係者への聞き取りから得た情報を基に、シンガポールの教育政策の新たな動向を分析しながら、ポストコロナ時代へと移行する現在、シンガポールが展望する教育観と学力観について明らかにする。

2. シンガポールの教育概況：先行研究の検討を踏まえて

（1）メリトクラシー

　シンガポールでは、教育は経済的成功に導く手段であると理解され、IT産業や国際競争に打ち勝つ経済社会を支える算数（数学）、理科、情報教育には小学校から力が注がれてきた（Gopinathan, 2001ほか）。また、学歴重視志向が根強く、教育熱心な社会風土でもある（Bastion, 2007ほか）。人的資源の確保と教育重視の国家であることは明白であるが、以下では、シンガポールの高学力を生み出す主要因についても解き明かしていく。

　シンガポールの教育制度の支柱には、実力主義（メリトクラシー）を基盤とした能力分岐型（ストリーミング）制度がある。初等段階からの振り分けによる厳しい選抜制度によりエリートを早期から育成し、初等・中等教育段階修了時に国

家共通試験を位置づけることにより、学力向上を実現してきた。また、これまでシンガポールの振り分け試験や選抜制度の土台となってきたメリトクラシーにはエリート育成の他、平等の思想と価値観の保障という両義的側面がある。教育省は経済的に困窮していても、勉強を頑張れば奨学金制度による才能の開花は可能であり、そこにメリトクラシーの意義があると述べる（MOE, 2008）。また政府は、メリトクラシーは家庭環境や経済的状況、出自や民族などに関わらず、本人の努力によって成功への道は開かれる点を強調し、さらに能力とは学業成績だけでなく、人格やリーダーシップ、幅広い才能を含有するとの見解を表明している（MOE, 2013）。確かにメリトクラシーに基づくストリーミング制にはエリート教育としての批判もあったが（斎藤・上條, 2002ほか）、属性によるのではなく、能力・実力さえ獲得すればチャンスは平等という公平性を担保した、多民族・多文化主義に照らした機能も有する。

(2) 教育環境のICT化

　ポストコロナ時代の教育においてICT化は要諦の一つである。シンガポールはIT国家としても知られてきたが、1997年以降の教育観の転換と21世紀型能力育成への重点化に伴い、2003年の "Innovation & Enterprise（I & E）" および2005年の "Teach Less, Learn More（TLLM）" の教育政策が始動し、新たな学力観の浸透とともに、教育の焦点は教師中心の教室環境での従来の知識習得から、学習者中心の探究型・協働学習への促進へと移行してきた（石森, 2009b; Tan & Ng, 2008）。これらの教育政策の転換と共振しつつ、コロナ禍においても強靭な学校におけるITインフラストラクチャー基盤を確立させてきた。

　また、2008年から教育庁と情報通信開発庁が連携し、先進的なICT教育を行うフューチャースクール@シンガポール（FutureSchools@Singapore）というプログラムが進行中でもある。指定された小学校では、1人1台のコンピュータの提供だけでなく、ワイヤレスネットワーク環境を構築し、タブレット型端末や電子ホワイトボード、デジタルカメラなどのICTツールを活用した新しい学習がおこなわれ、ICT環境の整備を図ることで教授法や教育内容に革新を施している（iDA, 2010）。人材、システム、資源を配備し、実践研究を支援する枠組みを構築し、よい実践例を蓄積して共有化を図っている。

このように常時進化を続けるシンガポールの教育状況であるが、教育制度の根幹に定位し、シンガポールの教育を長年特徴づけてきたのは、上述したストリーミング制度である。現在この制度にいかなる変容が生じているのか、本稿では現地調査で入手した現場の声、教師の認識や教育実践の具体に迫りながら、この課題を探究する。その際、上述したように、シンガポールの社会的文脈におけるメリトクラシーの多民族・多文化主義に照らした公平性という側面も考量しつつ、ストリーミング制の改革について考察する。新政策の展開が迅速であるシンガポールの最新の教育観や学力観を理解するには、先行研究での知見や教育情報を常に更新し再検討する必要があり、本稿の意義はこの点に存在する。

3. シンガポール訪問の概要

最新の教育事情と実際の状況を把握するために、2022年9月24日から27日にかけて、シンガポールにおいて教育関係者との懇談の場を設け、意見交換と聞き取りをおこなった。コロナ禍以降3年ぶりの同国訪問となった。面談日時と場所および応対者は表1の通りであり、使用言語はシンガポールの公用語の一つである英語である。

表1　インタビュープロファイル

面談日時（場所）	応対者（年齢層）
2022年9月24日・土曜日 9：30～11：00 （シンガポール中心部のカフェ）	A氏：中高一貫校（Integrated Programme）主任教員（40代）
2022年9月25日・日曜日 9：00～10：00 （シンガポール中心部のカフェ）	B氏：ジュニアカレッジ主任教員（40代）
	C氏：教育省カリキュラムマネージャー（40代）
2022年9月26日・月曜日 10：30～12：00 （プライマリースクール応接室）	D氏：プライマリースクール（小学校）校長（50代） E氏：プライマリースクール（小学校）副校長
2022年9月27日・火曜日 9：30～11：00 （セカンダリースクール応接室）	F氏：セカンダリースクール（中学校）校長（50代） G氏：セカンダリースクール（中学校）副校長

4. ストリーミング制度の廃止

(1) 現行の教育制度

　まず現行の教育制度を概観しておきたい。シンガポールでは6年制の初等教育修了時に、児童はPSLE（Primary School Leaving Examination）という小学校卒業試験を受験し、合格した児童（合格率98％程度）はその結果に基づき、セカンダリースクール（日本の中学校に相当）のコースが決まる[3]。PSLEは初等教育と中等教育を接続する重要な試験である。

　セカンダリースクールでは、「快速コース（Express）」「標準コース・普通課程（Normal-Academic）」「標準コース・技術課程（Normal-Technical）」の3コースがあり、「快速コース（Express）」が上位クラスとして位置づけられる。4年間で英語と母語（マンダリン／マレー語／タミル語）、数学、理科、そして社会科を含む人文科目の必修科目に加え、その他の選択科目を学ぶ。教育省の統計報告によると、2021年入学のセカンダリー1年生の62％ほどが「快速コース」に所属している（MOE, 2022）。

　セカンダリースクール卒業後の進路としては、「快速コース」の生徒は4年次にGCE-Ordinary（以下、O）レベル試験を受け、上位約30％が高校に相当するジュニアカレッジ（JC）または中央教育学院（CI）へ、中位はポリテクニック（理工学院）（40％程度）へ進学し、大学進学を目指してさらにGCE-Aレベル試験の科目を学習する。「標準コース」の生徒は、4年次にGCE-Normal（以下、N）レベル試験を受ける。Oレベル試験下位者やNレベル試験受験者の一部は、技術教育学院（Institute of Technical Education: ITE）に進み（20％程度）、職業技能訓練を受けて就職する（MOE, 2022）。

　上記が示すように、「振り分け」と「試験」が繰り返され、シンガポールの教育はしばしば試験制度と絡めて論じられてきた（田村, 1993；小木, 1995ほか）。しかし、近年、シンガポールの教育制度の象徴的存在であったストリーミング制度を段階的に廃止し、加えて校内における試験についても緩和の動きがみられる。かつては「大器晩成」型は勝ち残れない、とまで称され（田村, 1993）、小学校段階ですら4年修了時に振り分けテストがおこなわれ、高学年では学力別に3コースに分けられていた。一方で、子どもたちに漂う閉塞感や心理的圧力等の弊害

も指摘されるようになり、2008年に初等教育におけるストリーミング制の廃止へと帰結した経緯がある（PSLEは継続）。

これには、次のような背景がある。2000年以降、急速に進展するグローバル社会に対応するために21世紀に必要な資質能力が議論され、徐々にコミュニケーション能力や思考力の育成、探究的学習の重視そして人格形成を包含した幅広い学力観が提唱され、ホリスティックな教育を重視する傾向が強まっていった（石森, 2009ab, 2010；Ishimori & Chua, 2008）。加えて、学問偏重の是正、多様性や個性の尊重という価値観の変化も指摘できる。

初等教育においても、重点科目である英語・母語・数学の総合的な習熟度のみに依拠するのではなく、不得意科目があったとしても、児童の得意科目を伸長しようとする科目別あるいは個別能力への着目の傾向が看取できる。そして、テストのための暗記や記憶ではなく、自己の能力を発達させ学ぶ喜びを感じながら進める探究型学習が推奨されている。その証左として面談したシンガポール教育関係者（表1）からは、差異化（differentiation）、探究型学習（inquiry-based learning）、学ぶ喜び（joy of learning）、生徒主体の学習（student-initiated learning / student-directed learning）という語句が幾度も出現した。

教育観の転換は、中等教育において維持されてきたストリーミング制度にも影響を与えることとなり、40年にわたって実施されてきた中等教育段階におけるストリーミングによるコース分けも、ついに廃止することが発表されたのである（The Strait Times, 2019）。

(2) 科目別の教育へ

2024年から4年間にわたって、段階的にストリーミングによるコース制度、すなわち現在の「快速コース（Express）」「標準コース・普通課程（Normal-Academic）」「標準コース・技術課程（Normal-Technical）」の廃止が公表された（MOE, 2019；The Strait Times, 2019）。代わって、G1・G2・G3の3レベルによる科目別の教育に変更される予定となっている[4]。およそ、G1が現行の「標準コース・技術課程」、G2が「標準コース・普通課程」、G3が「快速コース」に該当するといわれるが、決定的に異なるのは、4科目の総合成績による「コース」に分かれるのではなく、「科目別」にレベルを選択し、得意領域を伸ばし学習者が保有す

6

る可能性をより引き出す、という点である。すなわち、生徒の得意分野、興味、学習ニーズに最も適したレベルで各科目を学ぶ中等教育への移行である。"full subject-based banding（FSBB）"と呼ばれるこのシステムについて、シンガポール教育省は、生徒が学習の喜びを感じ、多彩な長所や関心に応じるための複数の経路を開発するための取り組みであり、FSBBによって様々な強みや興味をもつ仲間と交流できる混合形式のクラスが実現する、とその趣旨を説明している[5]。

　この新システムについて、教育省カリキュラムマネージャーのC氏は次のように語る。

　「FSBBの導入によって、全部の科目を同じレベルやスピードで学ぶ必要はなくなります。コースだと全科目が対象となるので、個別の得意不得意が反映されません。FSBBは科目ごとなので、一人一人の特性に合ったカリキュラムになります。」

　また、ジュニアカレッジ教員のB氏は、「これまでのコース分けは、生徒にとってストレスが大きいものでした。FSBBにより、生徒の自己肯定感（self-esteem）が高まることが期待されています」と述べる。さらに、中高一貫校に勤務するA氏は、次のように語る。

　「一人一人が取り残されることなく、良い教育を受ける必要があります。FSBBの基盤は、differentiated instruction（DI）という考え方にあります。差異化された教授法です。そして、その根底にはMI, つまりMultiple Intelligencesという考えがあり、児童生徒にはそれぞれ異なった様々な能力が備わっているのです。」

　デジタル時代でもある現在、ICT活用は前提となり、知識へのアクセスは容易である。だからこそ、個々の能力に合わせながらスキルを磨き、オリジナリティを高めることがより重要になってきている、とA氏は補足する。こうした動きに対しB氏は、「教え方・学び方の差異化（differentiation）が促進され、生徒の自律性（autonomy）がいっそう求められています。学ぶ喜び（joy of learning）を感じることが最も大切です。そして生徒は、自分で自分の学習を方向付けられるように（self-directed learning）しないといけません。その一つの方法として、家庭での学習も含めた授業のあり方を検討し、例えば、家で課題に取り組み事前に自己学習をおこない、それを授業で発表し共有し合ったりするブレンディッドラーニング（混合学習）（blended learning）もおこなわれています」と説明した。

ポストコロナ時代の教授・学習方法の追求へと歩みを確実にし、すでに教育現場は様々な試みを開始している。

　日本においても、目指すべき次世代の学校・教育現場として「主体的・対話的で深い学び」と連動した「個別最適な学び」が提唱され、児童生徒が自己調整しながら学習を進められるよう指導することの重要性が説かれている（文部科学省，2021a）。また、ICTについても、「令和の日本型学校教育」の構築を目指す方針のなかで、これからの学校教育を支える基盤的かつ不可欠なツールとして明示され（文部科学省，2021b）、学習の見通しや学習状況の把握（スタディ・ログ）、振り返り等の充実に資するものとしてその活用が位置づけられている（文部科学省，2021c）。これからはきめ細かい指導や学習評価、学習改善等の個別最適な学びの充実に活かされ、それに呼応して児童生徒が主体となって学びや新たな知を生み出す創造性や主体性が促進されるような、新規的かつ発展的なICT活用の方途を見出していく必要性が提起されよう。

5. 新方針にむけた初等・中等教育段階での取り組みと学力の保障

（1）プライマリースクール（小学校）の事例

　シンガポールの団地にある一般的な公立小学校[6]において校長を務めるD氏は、初等教育段階でありながら、グローバル化社会に対応した市民（world-ready citizen）の育成に学校全体で取り組んでいる。次のように説明する。

　「小学校においても、各学校で特徴を明示しています。本校では、特色あるプログラム（distinctive program）として、情操面を育む音楽教育を全員に施しており、少なくとも一つの楽器で自信をもって自己表現できることを目指しています。さらに、本校では児童の自主性を涵養するために探究型学習（inquiry-based learning: IBL）を推進しています。学習に責任をもたせ、相互のコミュニケーションや協働学習を推進しています。」

　特に印象的なのは、「学習に責任をもつ（学習の所有権）」ということば（take ownership of their learning）である。児童であっても、知識を供与されるだけの存在ではなく、探究的視点をもって自己の学びを創出し発展させることが期待されているのである。

これは、「ジャーナル」という具体物にも表れている。児童の学びを促進するために、ペーパーテストに依存しない評価方法として学びの可視化を図った結果、各教科で「ジャーナル」作成を導入した。副校長のE氏は、その教育的意義について次のように説明する。

　「全教科において、ほぼ毎時間ジャーナルに取り組ませます。ジャーナルを通して、児童が学びの軌跡を残し、文字や絵など多様な方法で自己の気づきや学びを表現することを奨励しています。常に自分の考えや意見を綴り、他者と協働することによって学びを深化・拡張させるのです。ジャーナルは児童の学びや思考を可視化するのに役立ちます。これは、"MTV（Making Thinking Visible）"というアプローチの活用であり、学習者の声が尊重され、創造性や好奇心が育まれます。こうした、思考を見える化するための実践を各教科でおこない、それを形成的評価の資料として活用しています。また、教員が一方的に評価するのではなく、ジャーナルを使用して児童同士で相互評価をおこない、コミュニケーションを活発化させる工夫をしています。時に、優れたジャーナルはサンプルとして他の児童にも見せるなどして、学びの共有化を図っています。」

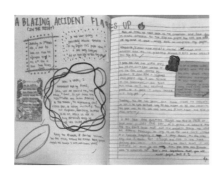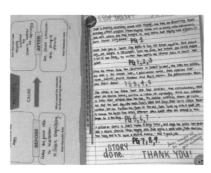

写真資料1　児童のジャーナル

　筆者は実際にいくつか見せていただいたが、学びの表現の仕方は児童によって様々であり、色彩豊かに丁寧に記述されていた点が印象的であった（写真資料1）。また一つ一つに担当教員のフィードバック（コメント）が記入されている点も注目される。

(2) セカンダリースクール（中学校）の事例

　次に、セカンダリースクールの事例をみていく。(1) と同様、訪問したのはシンガポールの団地にある一般的な公立中学校である[7]。この学校においても他校との差別化を図り、魅力ある学校づくりに邁進している。シンガポール教育省は、すべての学校に特色を打ち出すよう勧奨しているという。校長のF氏は、学校運営方針と使命を次のように述べる。

　「加速的に進むグローバル社会そしてVUCAの時代には、生徒の個性や能力を開花させ、また人格や他者への共感、またリーダーシップなども含めた総合的な学力を養成することが大切です。シンガポールの教育的展望は、ここ数年で劇的に変化しました。探究型（inquiry-based）学習を重視し、生徒の自律的学習（independent learning）や生徒主導（student-initiated）の学習へと移行してきています。学ぶ喜び（joy of learning）を感じながら、変化の激しいこの時代に自己の学びを創造していくのです。本校の使命（mission）は、情熱的な学習者、レジリエント（逆境に打ち勝つ回復力のある）なリーダー、共感する心をもって社会貢献できる人、しっかりした価値観をもち、地域そしてグローバル社会に変化をもたらすことができる"グローカル"な市民の育成です。」

　全教職員が共通理解をもつために、毎年学校としての「今年の教育テーマ」を標語にして、全員で共有しているという[8]。教師の職能成長（professional development）にも力を入れており、設定したビジョンを教育活動に具現化するために、校内教員研修の充実化に加え、教員が自己研鑽に従事できる時間も保障している[9]。これを助成する役割を担っているのが、前述したB氏の発言にもあったブレンディッドラーニングの導入である。

　シンガポール教育省は、コロナ禍における学習対応策とも相乗し、2021年以降、中学校と高校の生徒が自主学習のスキルを開発することを奨励するため、ブレンディッドラーニングを導入した。教育省がすべての生徒にパーソナル学習デバイスを提供し、生徒は在宅学習日にカリキュラムを超えて個人的に興味のある分野を探究できる（MOE, 2022）。このセカンダリースクールでは、ブレンディッドラーニングの一形態として、2週間に一度、例えば偶数週の金曜日、というようにIndependent Learning Day（ILD）という自主学習日を独自に設定し、生徒の探究の時間と教員の教材研究等の時間を確保している。

また、前述のプライマリースクールではジャーナルに取り組ませていたが、こちらでは2年前から学びの軌跡としてLearning journey portfolioというポートフォリオを活用し、学習評価として用いている。この点について同校副校長のG氏は次のように説明する。

　「以前は、学期ごとに中間試験と期末試験を実施していましたが、現在、中間試験はおこなっていません。このポートフォリオを学習のための評価（assessment for learning）資料として活用しています。ポートフォリオを用いて、自分は何を学んできたのか、教師や保護者の前で生徒に説明させることもあります。」

　筆者が、TIMSSやPISAに言及し、試験廃止や自主学習推奨による学力低下の危惧はないのかと尋ねたところ、F校長は、「我々はすでにTIMSSやPISAを超えて、未来を見据えてその先をいっているのです」と断言した。シンガポール教育省は、過度な生徒間での比較を抑制し学習者が自己の学習に集中できるよう、2019年以降に中間試験や期末試験の廃止予定を発表しており（MOE, 2019）、上記のように、政策レベルだけでなく実質的にも、シンガポールの教育は再び大きな転換期を迎えていることが明らかとなった。

6. まとめ

　以上、シンガポールが展望する教育観と学力観について、教育政策の分析や教育関係者との面談から得た情報から総合的に考察を深めてきた。コロナ禍以降、未来に向けた変革に躊躇せず、教育革新を展開し続ける状況が浮き彫りになった。特筆すべきは、シンガポールの教育を最も特徴づけていた学力コース別ストリーミング制度の廃止と試験制度の緩和の動きである。習熟度や能力に応じた「科目別」という選択肢に代替されたが、その施策は多領域の能力を一律的に捉えたエリートの選別というよりは、個性の尊重や能力に応じた教育機会の平等性保障の意味合いが大きい。また、コース制の廃止により自己肯定感の向上に寄与し、多様な生徒が混合して学び合うことで協調性を涵養し、人格を育てる教育的配慮が認められる。この意味では、「振り分け」というよりはむしろ、教育の差異化・個別最適化の効果的手段として捉えることができ、同国の新たな教育観を見出すことができる。教育関係者との対話からは、総論としてこの改変を好意的に受け

止めている印象を得た。

　テストでの高得点を高学力と置き換える学力観は、すでに過去のものとなりつつある。20年ほどかけてシンガポールの教育は、「スローガン」ではなく実態も21世紀型へと変容してきており、一連の教育改革以降も国際学力テストでは成績が低下しないことも実証している。それを裏付けるように、教育現場では教育省が提起する政策に即応しながらも各校が校長のリーダーシップの下、さらに独自に方策を打ち出し、児童生徒の幅広い学力の向上に努力を傾注していることが明らかとなった。

　日本においても、Society 5.0時代への対応、GIGAスクール構想の実現や探究型学習、グローバル化や多様性に対応した学力育成等、教育課題は山積している。社会状況が異なるためシンガポールの取り組みがそのまま日本に応用できるわけではないものの、教育政策と学校教員に内在する教育的営為や認識を披歴することで、参考にすべき点を見出すことはできる。今後は学習者側である児童生徒の認識からも実情を把握することで、学校教育の変化を多面的に捉えることを課題とし、引き続き同国の教育動向を注視していきたい。

【注】
1）裕福な家庭の学齢期の子どもたちの58％が自宅でインターネットに接続しているのに対し、貧しい家庭では16％に留まり、この格差は国の所得水準にも関係する。自宅でインターネットに接続できる低所得国の学齢期の子どもは20人に1人未満だが、高所得国では約10人中9人である（UNICEF, 2020）。
2）シンガポール国立大学准教授との対談による（2022年6月1日）。
3）義務教育は初等教育の6年間である。
4）Gとは "General" の略である。
5）Full Subject-Based Banding（Full SBB）（moe.gov.sg）（2023年2月22日アクセス確認）
6）シンガポールでは181校あるプライマリースクール（小学校）の内、140校が政府小学校（Government School）を占め、残りの41校は政府補助校（Government-aided）であり、すべて公立学校である（MOE, 2022）。
7）136校あるセカンダリースクールの内、101校が政府小学校（Government School）を占める（MOE, 2022）。
8）2019年はPassion Made Possible, 2020年はPurpose, Action, Endless Possibility, 2021年はStep Up, Step Out, Step Forward, そして2022年はKeep On Keeping Onである。
9）訪問したセカンダリースクールでは、毎週火曜日の午後は「教師の時間」として時間割をあけ、研修時間を確保している。自主的に教員研修のセッションを設けて教員が参加するだけでなく、学校外に出向いて視野を広げたり、自分の研究に取り組んだりすることも認められており、全職員の研修を推奨している（F校長へのインタビューより）。

【引用・参考文献】

1 ）石森広美（2009a）「シンガポールの後期中等教育段階における探究型学習」『国際教育』,15, 27-46.

2 ）石森広美（2009b）「シンガポールにおける TLLM 政策と教師の意識：能動的学習への転換」東北大学大学院教育学研究科研究年報58（1），293-306.

3 ）石森広美（2010）「シンガポールの新科目「知識と探究（K&I）」が目指す学力」『国際教育』, 16, 66-73.

4 ）小木裕文（1995）『シンガポール・マレーシアの華人社会と教育変容』光生館。

5 ）斎藤里美編著監訳・上條忠夫編(2002)『シンガポールの教育と教科書：多民族国家の学力政策』明石書店。

6 ）田村慶子（1993）『頭脳国家シンガポール』講談社現代新書。

7 ）文部科学省（2021a）中央教育審議会 初等中等教育分科会 教育課程部会『教育課程部会における審議のまとめ』令和 3 年 1 月25日。

8 ）文部科学省（2021b）中央教育審議会『「令和の日本型学校教育」の構築を目指して～全ての子供たちの可能性を引き出す，個別最適な学びと，協働的な学びの実現～（答申）』「令和の日本型学校教育」の構築を目指して（答申）【本文】(mext.go.jp)（2023年5月13日アクセス確認）

9 ）文部科学省（2021c）初等中等教育局教育課程課『学習指導要領の趣旨の実現に向けた 個別最適な学びと協働的な学びの一体的な充実に関する 参考資料』令和3年3月版。

10）Bastion, A.（2007）*Singapore in a Nutshell*. Singapore: Prentice Hall.

11）Gopinathan, S.（2001）Globalisation, the state and education policy in Singapore. In Tan, J., Gopinathan, S.& Ho, W.K., ed. *Challenges Facing the Singapore Education System Today*. Singapore: Prentice Hall.

12）IEA（2016）TIMSS 2015 INTERNATIONAL REPORTS.（available at: http://timss2015. org/）（2023年2月20日アクセス確認）

13）Ishimori, H. & Chua, S.（2008）Life skills Education with a Difference: A Focus on the Secondary and Pre-University Education in Singapore.『国際教育』, 14, 107-118.

14）Info-Communications Development Authority of Singapore（iDA）（2010）*FUTURESCHOOLS@SINGAPORE. Engage Excite Empower*.

15）Ministry of Education, Singapore（MOE）（2008）Forum Letter Replies, September 10, 2008.

16）Ministry of Education, Singapore（MOE）（2013）Education in the News, January 6, 2013.

17）Ministry of Education, Singapore（MOE）（2019）PRESS RELEASES, 05 March 2019 .

18）Ministry of Education, Singapore（MOE）（2022）EDUCATION STATISTICS DIGEST 2022.

19）OECD（2021）Singapore Student performance（PISA 2018）. https://gpseducation.oecd. org/CountryProfile?primaryCountry=SGP&treshold=10&topic=PI（2023年2月20日 アクセス確認）

20）Tan, J. & Ng, P.T., ed.（2008）*Thinking Schools, Learning Nation*. Singapore: Prentice Hall.

21）The Strait Times（2019）"Streaming into Normal and Express in secondary schools to stop in 2024; to be replaced by full subject-based banding." 2019年3月5日 .

22）The Strait Times（2020）"Singapore's 15-year-olds top OECD's Pisa global competence test." 2020年10月22日 .

23）UNICEF（2020）How_many_children_Young_ppl_have_access_to_internet_final_v2.pdf （unicef.or.jp）（2023年2月20日アクセス確認）

ABSTRACT

Singapore's Education Policy and Views on Education and Academic Ability in the Post-COVID Era : The Practice of Differentiated Teaching and Learning Methods

Hiromi Ishimori

(Hokkaido University of Education)

<Keywords: Singapore / inquiry-based learning / differentiation / subject-based banding / post-COVID>

The purpose of this paper is to clarify the characteristics of Singapore's education policy and views on education and academic ability which are promoting new educational reforms aimed at the post-COVID era. Singapore's education situation continually evolves, and the country is known for maintaining a high level of academic ability. The streaming system, which has been the basis of Singapore's education system for years, is currently being phased out and replaced with a new subject-based banding system called "full subject-based banding (FSBB)". The views on education and academic ability that lie behind this are also changing. Education in Singapore has moved towards fostering 21st century academic ability; what will this look like going forward?

This paper explores the above question utilizing information obtained through discussions with primary and secondary school teachers, and investigates teachers' perceptions and some educational practices. Analysis of papers and of these discussions reveals that Singapore's education now places a greater focus on respecting students' individual talents and implementing differentiated teaching and learning in order to enhance a variety of abilities, while promoting students' joy of learning through learner-centered and inquiry-based learning. In practice, schools have formulated original approaches that match the direction of the MOE policy and are engaged in educational activities to develop academic ability for the 21st century, while clearly displaying the characteristics of each school. Various measures have been devised to mitigate the intensification of competition, such as initiatives that value students' autonomy and a variety of evaluation methods which do not rely on paper tests, including portfolios and journals. Teachers' awareness and responsiveness are also increasing students' motivation to learn, helping them develop their talents.

In conclusion, Singapore has not hesitated to change its education system with an eye to the future and will continue to practice educational innovation. In particular, it should be noted that the three education streams (based on academic achievement in the Primary School Leaving Examination) that have characterized Singapore's education will be discontinued. Instead, there will be one single secondary education with many subject bands, making it possible for students to take up varying combinations of subjects based on their strengths. This will bring about more social mixing and encourage students to help one another. While the system will be replaced by subject-based ("subject-by-subject") banding, the new policy has the implications of respecting individuality and of guaranteeing equality of educational opportunities based on ability, rather than selecting elites who have comprehensive abilities.

Moreover, educational considerations are acknowledged to contribute to improving self-esteem, and the elimination of the course system is seen as fostering cooperation and character development by enabling mixing and learning with diverse students. In this sense, the new system can be regarded as an effective means of differentiating and optimizing education, and provides some suggestions about new perspectives on education and academic ability.

学習障害児教育におけるカリキュラムと指導に関する研究 ―1960年代イリノイ州の事例に注目した検討―

村山　拓
（東京学芸大学）

〈キーワード：学習障害／カリキュラム／イリノイ州／読み書き〉

1. 問題の所在

　本稿では学習障害（以下、LDとする）児に対するカリキュラムや指導法の特徴を検討する。とりわけ、イリノイ州で1960年代後半に実践、報告されたカリキュラム開発、指導モデルに注目する。

　LD概念は、米国において、知的発達のために学習に困難のある子どもを説明するために1950年代に提唱され、使用されてきた。例えば、キャロルとムラーは、アメリカにおけるブラウン判決以降、知能に基づく学校教育のトラッキングが進んだことを指摘している（Carrol & Muller, 2018）。キャロルらによれば、生徒は、学校で提供されるカリキュラムへの応答性に基づいて、「トラック」と呼ばれる進路を定められ、その能力と将来の役割によって、「LD」、「通常」、「職業」、「大学進学準備」などのカテゴリに分けられたとされる（同、p.235）。1960年代に入り、米国の学校における学習上の困難が心理的、医学的側面だけではなく、社会的な側面にも起因することが見出されるようになった。イリノイ州では移民の多いことなどのために、読み書きに困難のある子どもの増加や、それに伴う学業不振児の増加の指摘が顕著となった。LDの中には、心理学的、生理学・医学的側面から十分に説明することのできない、精神面での発達の制約を、文化的剥奪（culturally deprived）、あるいは文化性-家族性精神遅滞（cultural-familial mental retardation）などの語を含めて説明することがあるが、キャロルらは、

障害児と同様に、移民の子どもも、教育上の困難さや制約を有する子どもとみなして、グルーピングしていたことを示している（同）。一方で、支援を必要とする子どもの増加や、障害者権利運動に伴い、支援を必要とする生徒が可能な限り、通常の学級で学習できるようにすることの模索が開始された時期として、1960年代に注目することが可能である。本稿で検討する例は、そのような例として位置付けることができる。

　近年、インクルーシブ教育の展開を後押しする国際的な動向の影響などもあり、特別な教育的支援を必要とする子どもに対する対応が課題となっているが、LD児への対応もその一つということができる。従来、特別な学校や特別な学級（special schools, special classes）での分離処遇の対象ではなく、いわゆる通常の学級での特別な指導の対象とみなされてきているLD児への対応は、個々の子どもに対する読み書き指導のような実践に関するものから、RTI（Response to Intervention）モデルに基づく指導システムに関するものまで、その議論、実践はともに多様な形で展開されている。特に、米国でRTIモデルに関しては、LDの対象は必ずしも医学的な診断を前提とはしていない。多数の生徒に効果のあったとされる指導によっても十分に効果の上がらなかった生徒をスクリーニングすることによって、より介入的な指導を行うことが求められている。論者によって多少の違いは見られるが、概ね三から四の介入の段階を設け、生徒のグルーピング、スクリーニングによる特別な指導、そしてさらなるスクリーニングが行われることがRTIモデルの特徴といえる。日本を含め多くの国で、そのモデルを活用、援用した実践が進められている。

　また、LDの概念は各国においてその用語、定義、対象となる子どもの範囲などが異なることから、国際的な共通のイニシアチブを以て対応を検討することが困難な領域の一つといえる。本稿で中心的に扱う米国では、LDは知的障害（当時の呼称では精神遅滞）の定義では説明されない学習困難児に焦点を当てて、その対象化が図られてきた。とりわけ、一部の子どもの、知能検査により算出されたスコアと、学習上の困難が一致しないことなどにより、知的障害とはみなされない学習困難児としてLD児が注目された。それらの子どもに即した対応やシステム構築の必要性が示されたこと、特に1960年代以降、有色人種を中心とした人種マイノリティ、また社会経済的に困難な条件下にあるとされる子どもが、

LDと判定される傾向が高まった。それらのことを背景として指摘することがで
きる。

　本稿では、後述するようにカリキュラムを参照した検討をめざすものである。
1960年代のカリキュラムの事例を取り上げることに、主に以下の二つの意義が
あると考えられる。第一に、制度的な学籍異動等では説明されにくい、学校にお
ける学習活動や学習困難の特徴を見出すことができる点である。第二に、学業不
振や学習困難とされた生徒に対して特別にアレンジされた学習内容は、通常のハ
イ・スクールの教材等からは推測することが困難である。もちろんLD児は後述
する事情から、いわゆる通常のカリキュラムで学習していた可能性が高い。しか
し、その評価や学習到達度について明確な指標を得ることは困難である。LD児
に焦点化したカリキュラムや教材に注目することで、通常の学級における単なる
成績不振という以上の学習の特徴を探ることができる。

　まず、その背景として、1960年代のLDをめぐる動向を短く整理する。

　カーク（Kirk, S.）によるLDの提唱が1950年代になされたが、そのLD児へ
の対応の整備を試みた時期として、1960年代に注目することができる。例えば
Franklin（1987）はLD概念の現代史的評価において、カークのLDの理論化の
再検討の必要性を促している。また、Sleeter（1987）はLDの定義と社会統合が
リテラシー（読み書き能力）という概念のもとで強固に結びついたことを指摘し
ている。

　そして、米国のLD概念が、心理学的な意味、あるいは生理学的な意味での障
害に限定されず、人種的マイノリティ児を含む、多様な障害や制約のある子ども
の学習や学校教育、さらには社会統合と結びついていたことも確認しておく必要
がある。この時期の米国は、とりわけ、読み書きの問題、さらにいえば識字が個々
の社会参加に大きな影響を与えていた。前述の通り、それは移民の増加などを一
つの背景としているといえる。リエン（Lien, P.）は、1965年ころからのアメリ
カ社会において、海外生まれの人種・エスニシティのグループの増加に注目し
ている（Lien, 2011）。海外生まれの移民をアメリカ人とする（Americanize）過
程において、例えば選挙の投票などの市民としての行動を保障する上でも、読み
書きの問題が重要であったことを指摘している。イリノイ州においても、文化的
不遇児・者の読みの問題は、1950年代以降指摘されているが、1960年代に入り、

その特徴をより強くした。イリノイ大学のマクロッサンは、「文化的不遇という語は比較的最近のものである」と指摘している（McCrossan, J., 1966, p.1）。正確にこの語が最初に用いられた書籍や会議等を筆者は特定できていないが、「比較的最近のものである」というMcCrossanの言及は社会的、文化的条件に伴う学習上の困難を検討する上で、一つの手がかりとなりうる。「読むことが困難な人々」は「教育的不利益（educationally disadvantaged）、文化剥奪」や「不利益、社会経済的不遇」などと「同意語のように用いられる」とも説明されている（同、pp.1-2）。つまり、読むことの困難さは、個人の認知能力に基づくリテラシーの獲得状況によってのみ説明されるものではなく、その問題の社会構造的な面、とりわけ社会経済的な環境に基づく文化的不遇による側面があることが強調される。1960年に5分の2ものアメリカ人が機能的非識字の危機にあるとも指摘されていた（同、pp.2-3）。当時全米でLD児者は総計100万人に及んだと考えられており、読み書きの困難さとその対応、克服は社会統合においても重要な課題であったと考えられる。そのことから、読みの水準が生活年齢より大幅に遅れた子どもに対する治療（remediation）や治療的学習活動（remedial activities）に注目して、読みに大きな教育的ニーズを持つ子どもに対する指導の特徴とその制約等について検討する必要が生じていたと考えられる。

　本稿においては、上記の課題をもとに、大きく三つのことについて手がかりを得たいと考えている。第一に、医学的診断によらない学習困難児への対応の萌芽的実践を検証すること、第二に、学習困難児の社会経済的制約に対する学校教育の取り組みの特徴を探ること、第三に、教育におけるインクルージョンの具体的な展開を探る上での材料を得ることである。通常の学級で学ぶ学習困難児がどのような学習活動において包摂されようとしていたのかを明らかにすることで、LD概念形成期の言説や実践の、今日的な示唆も明らかにされる必要があると考えている。

2. イリノイ州におけるLD児に向けたカリキュラムの開発

　本稿ではLD児に対するカリキュラムや指導法の同時代的特徴を検討する。本章では、イリノイ州で1960年代に実践、報告された2つのカリキュラム開発、

指導モデルに注目する。これら2つのモデルに注目する理由として、ここでは二点を挙げる。第一に、いずれの取り組みも、イリノイ大学でカークと共同研究に取り組んでいた研究者と州内の教育センター、学校（群）との協働による取り組みであることである（Kirk, 1968）。もちろん、LD児に対する指導プログラムは全米で展開されており、イリノイ州に取り組みを限定しなければならない理由は多くはない。しかし、Fund for Perceptually Handicapped Children（1963）などに示されているように、同時期のLD児対応において、イリノイ州はカークを中心に強い影響力を有していたと考えられる。また、例えばマサチューセッツ州におけるLD児の個別指導プログラムの取り組みを報告しているHantman（1968）や、ニューヨーク市でのいわゆる通常の学級でのLD児に対する取り組みを報告しているSapir（1969）など、イリノイ州での実践に言及する同時代の研究も少なくない。それらのことからも、イリノイ州の取り組みに注目することに一定の意味があるといえる。第二に、イリノイ州での取り組みに注目することによって、LD児への対応の対象となる子ども像を、カークの議論や、カークを中心とした全米諮問委員会などとの議論とある程度共有できることである。もちろん、カークの共同研究者やイリノイ州のLD児教育関係者が、カークや全米試問委員会と全く同一のLD児像を想定していたと確かめることはできない。しかし、LDはその判定方法や検査によらず、州によって出現率が大きく異なることは2000年代に入ってからも指摘されてきた（Coomer, 2015, pp.24-27）。LD児の出現率の州による違いは、主には州ごとに定められた判定の方法の違いによる。例えば、知能検査等による子どもの知能指数と学業達成との「深刻なディスクレパンシー」を判定の条件に含めているか、LD児の強みと弱みのパタンが示されているか、といったことである。なお、イリノイ州の場合、これらはいずれも州の判定基準には含まれておらず、LD児の出現率はやや高い群ととらえることができる（Coomer, 2015, pp.30-32）。また、本稿で対象とする1960年代においては、LDの用語そのものについて共通認識の形成期といえるため、出現率に関して明確に比較できる資料は見当たらないものの、1985年時点でいえば、LDを判定するにあたり、統一された差異の算出方法、顕著な差異の基準（平均的な学習状況からの標準偏差）も示されていない（知能検査に基づいて算出された知的機能についても、「精神遅滞ではない」あるいは「平均以上」といった条件が付されていない）

(Frankenberger, et al., 1991, pp.495-500)。それらのことから、イリノイ州においては、LD児の高い出現率を示していた可能性が高く、前述のカークらの影響力等とも考え合わせると、イリノイ州における取り組みの特徴を検討することが有益であると考えられる。

　これらのことから、本稿では、イリノイ州でのLD児に対するカリキュラムの例を抽出し、検討の材料とする。

3.「トータル・スクール・カリキュラム」によるLD児へのアプローチ

　一つめの例として取り上げるのが、「トータル・スクール・カリキュラム（Total School Curriculum）」におけるLD児対応アプローチである（McCarthy, 1969）。このアプローチは、イリノイ大学のマッカーシー（McCarthy, J. M.）と州内の学校との協働の取り組みとされ、初等教育から前期中等教育段階までの1100名の子どもと580名の教師が参加したとされている（McCarthy, 1969, p.3）。そのうち、特別な指導が行われるリソース・ルームに措置されたのは39名であった（同）。「トータル・スクール・カリキュラム」はMcCarthy（1969）のなかでは明確に定義されていないものの、学校全体のカリキュラムの一つと考えられ、ホール・スクール・アプローチ（Whole School Approach）に基づき、LD児を抽出・分離することを極力控え、通常の学級での学習活動において支援することを主体としたアプローチであると考えられる（Rose, et al., 1994）。

　この時期のイリノイ州の初等教育、前期中等教育は、おおきく生活技能領域（Life Functions）と知識領域（Area of Knowledge）に分けられているが（村山、2012）、ここで焦点が当てられているのは後者である。使用された教材の例を表1に示す。

　McCarthy（1969）によると、これらの教材は、いわゆる通常の学級においても用いられている教材と、特別学級で用いられる教材との双方を含んでいる。特にMcCarthy（1969）で言及の多い言語技能についていえば、フォニックスに関連する教材は、言語発達における支援を要する子どもはもとより、言語学習の初期段階では多くの需要があったとされる。特に綴りと発音の対応が必ずしも明確ではない英語については、フォニックスによる指導の必要性が今日に至るまで指

摘され続けている。また、表にある「治療的リーディング・ドリル」は、ミシガン大学のヘッジ（Hegge, T. G.）や前述のカークらによる共著で、1940年の刊行以来、版を重ねる教材であった（Hegge, et al. 1940）。

表1　トータル・スクール・カリキュラムで用いられたLD児の教材例
（McCarthy 1969をもとに作成）

教科	使用された教材	必要に応じて追加された教材
言語技能 (Language Arts)	『私たちのフォニックス-E, F』 『私たちに必要な英語』 『治療的リーディング・ドリル』	『やさしく読めるシリーズ』 『私たちのフォニックス-C, D』
科学 (Science)	『初等科学学習キット』 『精神衛生-あなたのワークブック』	（記載なし）
社会科学 (Social Studies)	『私たちを知る』	『あなたの国、私の国』
算数・数学 (Math)	『時間』 『お金を使う』 『中学校での数学の使用』	『6つの偉大な記録』

　また、必要に応じて追加された教材は、「通常の学級での指導において、同質・等質のカリキュラム」（"curriculum equivalents"）に基づいて選定されたとも説明されている（McCarthy, 1969, p.7）。

　そして、このアプローチの報告においては、いわゆる通常の学級の教師の役割について主に三つの点で強調されている（McCarthy, 1969, p.14）。第一に、教科学習の場面で、LD児の教室での診断的指導（classroom diagnostic teaching）を行うのは教師であり、その社会的活動、とりわけピア・グループでの社会性を検討したり、トータル・スクール・カリキュラムのプログラムの様々な局面で観察や修正の役割も期待されていることである。

　第二に、教師によって整備された環境や、チームワークによる協働などによって、LD児が知的面においても、情緒面においても成長するというゴールに帰結するとも述べられている（同）。そして、第三にこれらのプログラムは、リソース・ルームのような特別な教室で学ぶ時間のプログラムとして限定されるべきではなく、通常の学級におけるカリキュラム・プランニングに含まれるべきであるともされている。

これらの記述から導き出される特徴を二点挙げる。ここで教室での診断的指導という語が使用されていることに注目する必要がある。LD児に限らず、この時期のいわゆる特殊教育の対象となってきた子どもに対するアプローチとして、医療における治療だけでなく、治療教育のプログラムが様々なアクターによって試みられてきた。ここでも、LD児に対する診断的な行為が、教室において、教師によって実施されることが期待されているといえる。この報告において、LDの診断基準や判定方法についての言及はないものの、教室での学習上の困難さに対する診断から指導に至る、教師の役割、とりわけ通常の学級の教師の役割を明示している点は特徴的であるといえる。二点目は、LD児の情緒面に言及していることである。前章で取り上げたLD児に関する全米諮問委員会では、LDの定義をめぐって、その焦点は学業達成に当てられていた。しかし、ここではLD児の認知発達と情緒の発達の双方がゴールであるとされている。州ごとのLD児の判定方法、判定基準の違い、また関連する団体によるLDの定義の違い等により、情緒面での困難さがLDの判定規準、判定要件に含まれていない場合がある（Coomer, 2015, Frankenberger, et al. 1991）。しかし、上記のアプローチの特徴から、LD児に見られる発達上の特性として、情緒面の課題が、LD児に関わる実践者、研究者に共有されていたことがうかがえる。その点で、LDの判定による厳密さよりも、LD児が教室で示す発達上の課題を広く支援の対象と捉えていた可能性があることを想定する必要がある。

4. ハイランド・パーク市における実験的実践

　二つめの例として取り上げるのは、イリノイ州ハイランド・パーク（Highland Park）市のタウンシップ・ハイ学区における実験的実践である（Freud, 1969）（注1）。ここでは、同学区の14のハイ・スクールのうち、7校に通うLDのある生徒に対する対応が報告されている。実験的実践のプログラムの対象となっている生徒は16歳から18歳で、フル・スケールIQは70から130であったとされている（Freud, 1969, pp.9-10）。そして、効果検証のために、比較群としてグルーピングされている生徒もおり、同年齢、フル・スケールIQは70から110であったとされる（同）。つまり、実験的実践の対象となった生徒と、比較群の生徒は、IQス

コアにおいて大きな違いがないといえる。参加した生徒は、これまでの学業成績、読みのスコア、学業テスト、言語能力検査と非言語能力検査のディスクレパンシーなどに基づいてグループ分けされた。指導の形態としては、大半のいわゆる通常の学級での指導のほかに、抽出による個別指導、複数教科の担当者の協同（cooperating）による教科横断型プログラムなどが試みられている。実験プログラムでは、読み能力の開発プログラム（The Developmental Reading Program）も試みられ、このプログラムは、LD児に求められる対応と特に関連が深いとされていた。いずれの学校においても、入学者全体に対してリーディングテストが実施され、LD傾向が見られる生徒に対しては、読み能力や学習能力の伸長の機会が提供されることが、この実験では期待されていた（Freud, 1969, p.19）。

　また、参加校の中でも、ハイランド・パーク・ハイスクールについては、「構成員の危うさ」（vulnerable populations）と呼称される事態に直面していた（同）。Freud（1969）によると、ハイランドパーク市は、移民など、有色人種の割合が高いこと、家庭の経済状況など、社会経済的に制約のある生徒が多いことが指摘され、特にハイランド・パーク・ハイスクールにおいて、その特徴が顕著であったとされる。親の母語については直接の言及はないが、家庭において英語（米語）が使用される機会が少ないことによる、生徒の読み書き経験の不足も考慮に入れることができる。これは、LDとの診断や判定がなされていないか、LDという概念が新たに形成されつつあった時期にあって、他の診断からLDへと修正されたわけではないものの、いわゆる落第や極度の学業不振の状態にある生徒が多数在籍していたということを示した表現である（同）。同校では、このプログラムによる学業不振に対する介入が強力に進められ、とりわけ生徒の学習意欲、モチベーションに効果があったとされている（同）。

　これらの取り組みについて、Freud（1969）では、LD児の個々の特殊性が強いことが挙げられ、教育上のニーズや求められているサービスも多様であるとされている（Freud, 1969, p.20）。そして求められる対応として、教室での学習の手順の変更、カリキュラムの修正、必要に応じて特別な対応を行う部署（の新設）が提案されている（同）。カリキュラムの修正には、コミュニケーション能力の発達に関する内容、治療教育のプログラムに参加する積極性など、自己認知に関する内容も含まれていた。

これらの対応の特徴は、いわゆる治療教育のプログラムと比較的共通する内容であるが、Freud（1969）では、今後の対応の方向性として、LD児に対して学習機会への参加を認めるだけでなく、アカデミック・プログラム全て（full academic program）への参加を可能にすることを提案していた。

5. 考察と今後の課題

　本稿では、1960年代の米国において、LDの概念がどのように定義されつつあり、LD児に対する指導がどのように模索されたのかを、イリノイ州における二つのプログラムの事例を通して検討した。読み書きの困難さが学校教育において顕著に現れる子どもについて、LD概念はそのような子どもがいわゆる通常の学級で学ぶことを確保しつつ、読み書き指導のニーズや個別対応の必要性を示唆する上で導入された概念であったということができる。

　米国における識字概念は、読み書きの困難さを伴うケースへの対応を中心に展開してきたとされ、単に読む能力や、よく使われるパッセージを声に出して読むことのできる能力だけでなく、そのパッセージについて文字で質問されたことに答えることのできる能力や、そのパッセージについて考えることのできる能力が重視されてきた（Stalker, 2020, pp.160-161）。LDの概念は、そのような読み書きの困難さを示す子どもへの対応を進める上で、知的障害など、他の障害に起因する困難ではないとされる学習上の困難を概括的に表すものとして概念化が試みられたと考えることができる。とりわけ、LDが他の障害と比較したときに、LDが比較的新しい概念であったにもかかわらず、あるいはそれゆえに、1960年代の特殊教育の重点として位置づいていた点には注目することができる。一方で、そのLDの定義をめぐっては、カークらの試みた概念化が、LD児への対応を促進した側面と、LDの定義が異なる状態でありながらも、LD児に対する実践が展開された側面の双方を検討する必要がある。LDというラベルが特別な指導の根拠とされた点と、LDが他の障害によらない学習困難を広く含むことにより、障害区分を前提としない学習困難児を過剰に判定している可能性を考慮に入れる必要があるためである。

　本稿では十分に扱えなかったが、LDの要因として心理学的要因、社会経済的

要因の双方を検討されるべきであり、イリノイ州の実践についても、例えばハイランド・パーク・ハイスクールによる「構成員の危うさ」の事象などから、その地域特性、さらには社会経済的な地域の状況も考慮に入れつつ、学校でのLD対応を検討することが重要であることが示唆される。

　今後、それらの課題を引き続き検討するために、LD概念の形成過程を明らかにするとともに、カリキュラムの事例収集を通した指導や教材のさらなる検討が必要になる。そのことは、主に以下の三点について、検証の可能性を示唆している。第一に、医学的診断によらない学習困難児への対応の萌芽的実践を検証することにつながることである。第二に、通常の学級で学ぶ学習困難児の学校教育を通した地位達成の具体的な取り組みの痕跡を探ることにつながる。とりわけ中等教育段階での教材やカリキュラムは、卒業後の生活を想定した題材を取り上げる可能性が高く、生徒の近未来の生活をどのように想定していたかをうかがう材料となりうる。第三に、後に議論される、教育におけるインクルージョンの具体的な展開を探る上での材料となりうることである。通常の学級で学ぶ学習困難児がどのような学習活動において包摂されようとしていたのかを明らかにすることを挙げることができる。それらの課題の検討を通して、LD概念形成期の言説や実践の、今日的な示唆も明らかにされる必要があるといえる。

【注】

1）現在のハイランド・パーク市、Township High School District №.113の学区編成でみると、本稿で検討対象としている事例は、Township High School学区に限定することもできなくはないが、Freud（1969）には、2023年2月現在、同地区には見られない学校名が複数含まれる。また、学校名の変更もみられる。そのため、本稿においては、学区の再編成、学校統廃合などの可能性を想定しつつ、同名学区内での学校名等の混乱を避けるため、ハイランド・パーク市と表記することとした。

【引用・参考文献】

1）Allington, R. L.（1980）. Teaching Reading in Compensatory Classes: A Descriptive Summary. *Reading Teacher*, 34, 178-183.
2）Carrol, J. M., & Muller, C.（2018）. Curricular Differentiation and Its Impact on Different Status Groups Including Immigrants and Students with Disabilities, Schneider, B.（Ed.）Handbook of the Sociology of Education in the 21st Century（pp.271-274）. Springer.
3）Clements, S. D.（1966）. Minimal brain dysfunction in children, *NINDB Monograph*, 3, Washington DC: U.S. Department of Health, Education, and Welfare.
4）Coomer, L. F.（2015）. Definitions and Criteria Used by State Education Departments

for Identifying Specific Learning Disabilities, Western Kentucky University Projects. Paper 1515.

5）Frankenberger, W. & Fronzaglio, K.（1991）. A review of states' criteria and procedures for identifying children with learning disabilities, *Journal of Learning Disabilities*, 24（8）, 495-500.

6）Franklin, B. M.（1987）. From Brain Injury to Learning Disability: Alfred Strauss, Heinz Werner, and the Historical Development of the Learning Disabilities Field, Franklin, B. M.（Ed.）*Learning Disability: Dissenting Essays*（pp.29-48）. The Falmer Press.

7）Freud, J. W.（1969）. Survey and Recommendations on Learning Disabilities for Township High School District No.113, Highland Park, Illinois. Fund for Perceptually Handicapped Children（1963）. *Processing of the Conference on Exploration into the Problems of the Perceptually Handicapped Child. Volume I.*, The Fund for Perceptually Handicapped Children, Inc.

8）Hatman, D.（1968）. Individualized Program for Children with Learning Disabilities as Determined by Screening, Identification and Differential Diagnosis, Presented Paper at the Fifth Annual Conference of the Association for Children with Learning Disabilities.

9）Hegge, T. G., Kirk, S. A., and Kirk, W. D.（1940）. *Remedial Reading Drills*. George Wahr Publishing Co.

10）Kirk, S. A.（1968）. *Special Education for Handicapped Children, First Annual Report of the National Advisory Committee on Handicapped Children.* U.S. Department of Health, Education, and Welfare, Office of Education.

11）Lien, Pei-te（2011）. Race, Nativity, and the Political Participation of Asian and other Americans, Ericson, D. F.（Ed.）*The Politics of Inclusion and Exclusion: Identity Politics in Twenty-First Century America*（pp.25-45）. Routledge.

12）McCarthy, Jeanne McRae（1969）. Classroom Programming for Children with Learning Disabilities, Paper presented at the 47th Annual Convention of the Council for Exceptional Children.

13）McCrossan, J.（1966）. The Reading of Culturally Disadvantaged, University of Illinois Graduate School of Library Science, Occasional Paper. No.80.

14）村山 拓（2012）. イリノイ・プランにおける教科教育の特質『教育可能な精神薄弱児』を対象とした『知識領域』の構成と目的、学習院大学文学部教育学・教育実践論叢2012、pp.133-144.

15）National Institute of Education（1977）. *Administration of Compensatory Education.* U. S. Department of Health, Education, and Welfare.

16）Sapir, S.（1969）. Learning Disability and Deficit Centered Classroom Training, *Research Report.* 1（2）, Columbia University, Teachers College, Research and Demonstration Center for the Education of Handicapped Children.

17）Rose, R., Fergusson, A., Coles, C., and Banes, D.（1994）（Eds.）"Implementing the Whole Curriculum for Pupils with Learning Difficulties". Routledge.

18）Stalker, K.（2020）. Theorizing the Position of People with Learning Difficulties within Disability Studies: Progress and pitfalls, Watson, N. and Vehmas, S.（Eds.）*Routledge Handbook of Disability Studies*（pp.158-171）. Routledge.

19）Sleeter, C.（1987）. Literacy, Definition of Learning Disabilities and Social Control, Franklin, B. M.（Ed.）*Learning Disability: Dissenting Essays*（pp.67-87）. The Falmer Press.

20) Taylor, R., and Sternberg, L., (2012). Exceptional Children: Integrating Research and Teaching, *Springer Science & Business Media*, 7.
21) United States. National Advisory Committee on Handicapped Children (1968). *Annual Report of the National Advisory Committee on Handicapped Children*, U.S. Department of Health, Education, and Welfare, Office of Education.
22) United States. National Advisory Committee on Handicapped Children (1969). *Annual Report of the National Advisory Committee on Handicapped Children*, U.S. Department of Health, Education, and Welfare, Office of Education.

ABSTRACT

Research on Curricula and Teaching for Children with Learning Disabilities: A Study Focusing on Cases in Illinois in the 1960s

Taku Murayama

(Tokyo Gakugei University)

<Keywords: learning disabilities/ curriculum/ Illinois/ reading and writing>

The characteristics of curricula and teaching methods for children with learning disabilities are examined in this research, with a focus on curriculum development and teaching models practiced and reported in Illinois in the late 1960s.

The learning disability ("LD") concept was proposed and used in the United States in the 1950s to describe children with learning difficulties due to insufficient intellectual development. In the 1960s, it was found that learning difficulties in American school students were caused not only by psychological and physiological factors but also by social and cultural factors. In Illinois, because of the large number of immigrants, there was an increase in the number of children with reading and writing difficulties, and a corresponding increase in the number of children with poor academic achievement and slow learning. This was also sometimes described using terms such as "cultural-familial mental retardation". On the other hand, with the increase in the number of children requiring support and the movement for the rights of persons with disabilities, the movement to have students with special educational needs study in regular classes, as far as possible, arose in the 1960s. The examples considered in this paper can be positioned as cases of this.

The first example is the approach to dealing with LD children in the "Total School Curriculum." Based on the Whole School Approach, this approach can be said to refrain from extracting and isolating LD children wherever possible, focusing instead on supporting them in their learning activities in regular classes. The Total School Curriculum in "Whole School Approach" is unique in that it specifies that the role of the teacher, especially the regular class teacher, consists of diagnosing learning difficulties in the classroom as well as teaching students.

The second example is the experimental practice in Township High School District in Highland Park, Illinois. A proposal was made to change the procedures for classroom learning, to modify the curriculum, and to take special measures for children with learning disabilities. Curriculum modifications included content related to self-awareness, such as communication development and active/positive participation in remedial treatment education programs.

The concept of literacy in the United States is said to have revolved around dealing with reading and writing difficulties—not solely difficulty in reading a commonly used passage to oneself or aloud, but also difficulty in understanding that passage. It emphasized the ability to answer questions in writing and to think about the passage. It is said that the attempt to conceptualize LD was a response to children who exhibit such reading and writing difficulties, as well as a comprehensive representation of learning difficulties the causation of which is difficult to attribute to other disabilities.

チリにおける高等教育無償化政策の
実施状況と課題

工 藤 　瞳
（早稲田大学）

〈キーワード：チリ／高等教育無償化／学生ローン／学生運動〉

1. はじめに

　本稿では、南米チリで2016年から導入されている高等教育無償化政策の実施
状況と課題を、高等教育法（法律21091号）、教育省等のデータ、先行研究から
概観する。チリでは、特に2000年代以降、高等教育のみならず初中等教育以降
の教育機会が家庭の経済力に左右されることが社会問題化した。そして2011年
の学生運動を契機として、高等教育無償化が政治的な議論の俎上に載った。本稿
では、まずチリの高等教育無償化政策の導入背景と対象、実施状況を整理する。
その上で、高等教育無償化政策の課題を指摘する。

　日本でも低所得世帯を対象として2020年に高等教育修学支援新制度が導入さ
れるなど、高等教育の費用負担軽減策が注目されている。チリの事例は、高等教
育にかかる家計負担が問題となる他の国や地域にも示唆を与えるものである。

2. チリにおける高等教育無償化政策導入の背景

（1）高等教育機会の拡大

　チリにおける高等教育は1980年まで、8校の国立・私立大学のみで提供されて
いた。これらの大学は、国立・私立を問わずほぼ全面的に国庫助成によって運営
され、授業料も無償であった。しかし軍事政権下の1980年代に新自由主義的な

高等教育改革が実施された。改革の中で、高等教育機関の多様化や設置基準の緩和、国庫助成の見直しが行われた。国庫助成見直しの一環として、高等教育機関への助成金削減、助成に関する競争原理の導入に加え、授業料徴収や学生ローンの貸付が実施されるようになった。1990年の民政移管後も、上記の改革に基づく制度は維持された。

軍政期の高等教育機関多様化の結果、従来存在した大学に加え、高等専門学校 (Instituto Profesional)、技術教育センター (Centro de Formación Técnica) という新たな高等教育機関類型が設定された。2022年の高等教育機関数は、大学58校、高等専門学校32校、技術教育センター50校である (SIES 2022a)。また、18歳から24歳の高等教育純就学率は、1990年は12.7％であったが、2017年には37.4％に達した (Ministerio de Desarrollo Social 2018, p.90)。

(2) 教育費負担の社会問題化と学生運動

高等教育機会の拡大は主に家庭の授業料負担によって担われ、家計負担の大きさが問題となった。特に、2006年に導入された政府保証付きローン (Crédito con Garantía Estatal または Crédito con Aval del Estado: CAE) は、従来から存在した大学ローン連帯基金 (Fondo Solidario de Crédito Universitario: FSCU) よりも高い利率や厳しい返済基準、それに伴う学生の過重債務、制度を通じて銀行が高い収益を得ていることが問題視された (Torres 2022, pp.150-151)。なお、いずれのローンも成績要件があり、また授業料全額をカバーするものではなかった。

チリの高等教育政策では1980年までに設立された大学およびその派生大学 (以下CRUCH大学[1]) と1981年以降に新設された機関の扱いが異なっていた。学生ローン制度も、従来から存在した大学ローン連帯基金はCRUCH大学学生のみを対象としていた。政府保証付きローン利用者の多くはCRUCH大学以外の機関に通う学生であり、低所得家庭出身者だった (Centro de Estudios MINEDUC 2022, p.9, p.12)。

チリでは中等教育以下の主な学校運営形態に、市立、国庫助成を受ける私立 (助成私立)、助成を受けず授業料が高額な私立 (独立私立) の3種類がある。市立校には社会経済的下位層、独立私立校には上位層が集中し、助成私立校は両者の

中間にある。生徒の学習到達度も、独立私立校が高く、市立校が低い傾向にある（工藤、2021、pp.133-134）。高等教育においても、独立私立校出身者や高所得家庭出身者の方がCRUCH大学などより名声の高い機関に進学する傾向があり、初中等教育段階からの教育機会の不平等が高等教育に引き継がれていた（Torres 2022, pp.152-153）。

　上述した問題に加えて、一部の私立高等教育機関経営者が学費等の収入を教育の改善に使わず、私的な利益を得ていたことも問題視された。教育を利用した営利の追求や、高等教育のみならず初中等教育から教育の機会が家庭の経済力に左右されることを批判して、2011年に大学生を中心とした大規模な学生運動が起こった。学生たちは高等教育無償化を含む教育への国の関与の拡大、教育における営利主義の排除等を要求した（三浦 2021、p.66、pp.81-84、Torres 2022, p.151, p.155）。学生運動や高等教育無償化への世論の支持を受け、2014年に就任したバチェレ大統領は高等教育無償化の実現を図った。

3. 高等教育無償化の対象

　チリの高等教育無償化政策は2016年に始まった。対象者は、出身家庭の収入が国全体の下位60％（当初は50％）であり、国立および一部の私立大学、非営利の高等専門学校と技術教育センターに通う者である。大学以外の機関は2017年から無償化対象となった。

　高等教育機関が無償化対象となるには、国立認証評価委員会（Comisión Nacional de Acreditación）の認証評価を受け、4年以上の認定期間を得る必要がある。また、非営利であること、透明・客観的な入学制度を持つことも求められる。さらに、機関の学生数の最低20％を出身家庭の収入が国全体の下位40％の者に割り当てるなど、恵まれない学生への支援策を講じなければならない[2]。なお、国立認証評価委員会による認証評価では、同委員会は各機関に対して1年から7年の認定期間を与える。良い評価を得た機関は、より長い認定期間を得ることができる。認証評価の基準は、大学と大学以外の機関で異なる。

　無償化対象となる学生には、在学中の成績要件はない。家庭の収入要件を満たし、対象機関に入学すれば対象となる。なお、高等教育機関によって、入試の有

無等、入学の難易度が異なる。入試のある代表的な機関はCRUCH大学をはじめとする大学で、高等教育入学試験（Prueba de Acceso a la Educación Superior: PAES）という共通試験を受験する必要がある[3]。2023年1月時点のPAESおよび各機関ウェブサイト情報によると、2023年度の無償化対象の大学はすべて入試にPAESを利用する。一方、無償化対象の高等専門学校と技術教育センターは入試がなく、中等教育卒業や中等学校の成績証明のみが求められる。ただし、ごく一部の機関では中等学校の成績が一定以上であることが求められる。

　教育省の専門委員会は専攻分野や機関の認証評価状況に応じて標準授業料（arancel regulado）を設定する。教育省は、標準授業料、標準授業料と実際の授業料との差額、登録料、対象学生の人数を基に助成金額を算出し各機関に支給する。無償化対象機関は、規定学修年限内は対象学生から追加費用を徴収できない。ただし、規定学修年限を過ぎると一定条件下で費用を徴収できる（高等教育法104条、105条、108条、暫定条項38条）。

4. 高等教育無償化政策の実施状況

　2022年の無償化対象機関は、大学36校、高等専門学校8校、技術教育センター22校であった[4]。機関類型別に占める無償化対象機関の割合は、大学62.1%、高等専門学校25.0%、技術教育センター44.0%であった。無償化対象機関の割合が機関類型別で異なる主な要因は、先述した認証評価における認定期間の違いによるものとみられる。ただし、認定期間が4年以上でもあえて無償化対象となっていない機関も存在するため、この点はより詳細な検討を要する[5]。

　次に助成金額を見てみる。高等教育無償化による国の助成金額は、2016年の3951億9400万ペソ（約632億円）から、2021年の1兆1819億2500万ペソ（約1891億円）に増加し、約3倍となった（1ペソ＝0.16円で換算）（SIES 2022b）。

　教育省による高等教育学生支援受益者数の推移を見ると、無償化政策受益者数は2016年の13万8951人から2021年の43万5690人に増加した。また、同政策導入後、学生ローンや奨学金受益者数が減少した。特に政府保証付きローン受益者数が2016年の35万2921人から2021年の21万7054人に減少したことが注目される（図1）。

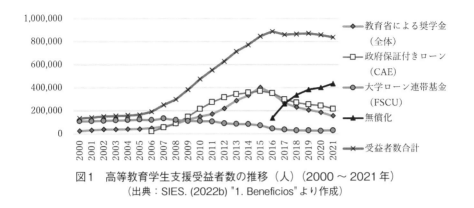

図1　高等教育学生支援受益者数の推移（人）（2000 ～ 2021 年）
（出典：SIES. (2022b) "1. Beneficios" より作成）

　会計監査局のデータによると、2021年の無償化対象機関就学者に占める無償化受益者の割合は59.0％であった。一方、高等教育就学者全体に占める無償化受益者の割合は33.7％であった（Contraloría General de la República 2022, p.13）。

　以上のように、対象機関の制限とそれに伴う対象者の限定はあるものの、高等教育無償化政策は高等教育にかかる家計負担の軽減に寄与しているとみられる。

5. 高等教育無償化政策の課題

　高等教育無償化政策が家庭の経済力による教育機会格差の縮小につながっているか、あるいは従来は高等教育機会を得られなかった人々が機会を得られるようになったかどうか、という視点からは、課題が指摘されている。

　例えばArzola（2021）によると、無償化政策導入前後で、社会経済階層が低い学生の大学進学状況に統計的に有意な変化はなかった。EspinozaらがCRUCH大学等の入学試験を課す大学への進学状況を調査したところ、無償化が高等教育第一世代の進学に与える影響はわずかであった。費用よりも、文化資本や中等学校の種類（運営形態・課程[6]）の影響が大きいのではないかと指摘されている（Espinoza et al. 2022, pp.1364-1366）。

　また、会計監査局のデータによると、所得十分位階級別にみた場合、無償化政策の受益者のうち最も多くの割合を占めるのは第4十分位（58.5％）である。受益者のうち所得十分位階級で第3十分位以下の学生が占める割合は13.2％に過ぎ

ない（表1）。

表1　所得十分位階級別無償化対象学生数・受益者全体に占める割合（2021）

所得十分位階級（1が最も低い）	学生数	%
第1十分位	15,008	3.4%
第2十分位	22,172	5.1%
第3十分位	20,572	4.7%
第4十分位	254,793	58.5%
第5十分位	74,516	17.1%
第6十分位	48,629	11.2%
全体	435,690	100.0%

（出典）Contraloría General de la República.（2022）p.22, Tabla N°13.

　先述の通り、2023年度時点での無償化対象の大学に入学するためには、入試で合格する必要がある。一方で、いずれの高等専門学校と技術教育センターでも入試はない。つまり、入試への準備ができていなくても、大学以外の高等教育機関への進学を希望すれば、無償化対象機関への進学は可能であると推定される。無償化対象学生に占める第3十分位以下の学生の割合が少ない背景には、そもそも進学を希望していない、進学希望の機関が無償化対象ではない、あるいは大学進学希望の場合に対象機関に合格することが難しいといった事情があると推測される。

6. おわりに

　チリの高等教育無償化政策は、高等教育機会の拡大と家計負担の増加を背景に、学生運動を発端として導入された。同政策によって、高等教育にかかる家計負担は一定程度軽減されたと推測される。一方で、同政策が教育機会の格差縮小につながっているかという点では課題も指摘されている。高等教育無償化に対する社会の受け止め方も含めて、引き続き政策の評価や動向を注視したい。

【注】
1 ）大学学長会議（Consejo de Rectores: CRUCH）加盟大学で、国立大学と1980年以前に設立された私立大学およびそれらから派生する大学を中心とする大学群を指す。
2 ）Subsecretaría de Educación Superior. Instituciones adscritas. (https://portal.beneficiosestudiantiles.cl/gratuidad/instituciones-adscritas、2023年2月28日確認)。
3 ）PAESは2022年（2023年度入学）に開始された。大学入学のための共通試験自体は1967年から実施されている（Universidad de Chile. Historia del examen de admisión. https://uchile.cl/u110237、2023年2月28日確認)。
4 ）Subsecretaría de Educación Superior. (2021) Resolución exenta Nº 5342.
5 ）Bernasconi(2019)は、授業料が高額で高所得家庭出身者が通う大学の場合、標準授業料と実際の授業料との差額が大きく、無償化制度への参加が大学の収入減につながると指摘する（p.121, pp.124-125)。
6 ）中等学校の課程には主に人文・科学課程と技術・職業課程がある。人文・科学課程の教育内容の方が大学受験準備に適している。

【引用・参考文献】

1 ）工藤瞳（2021）「チリの学校包摂法による教育バウチャー制度改革：背景と変化、残された課題」『教育制度学研究』28、131-146
2 ）三浦航太（2021）「2000年代のチリの学生運動における主張の変化：学生ローン制度に対する批判から教育システム全体に対する問題提起へ」『ラテンアメリカ研究年報』41、65-93
3 ）Arzola, M. P.（2021）. *Análisis del impacto de la gratuidad: ¿mejoró la equidad en el acceso a educación superior?*（*Serie Informe Social 187*）. Libertad y Desarrollo.
4 ）Bernasconi, A.（2019）. Chile: the challenges of free college. In J. D. Delisle & A. Usher（Eds.）. *International Perspectives in Higher Education: Balancing Access, Equity, and Cost.*（pp. 109–128）. Harvard Education Press.
5 ）Centro de Estudios MINEDUC.（2022）. *Primer Informe Crédito con Aval del Estado: características de la población deudora e impactos.*
6 ）Contraloría General de la República.（2022）. *Financiamiento público para la gratuidad en educación superior 2021.*
7 ）Espinoza, O., González, L. E., Sandoval, L., McGinn, N., & Corradi, B.（2022）. Reducing inequality in access to university in Chile: the relative contribution of cultural capital and financial aid. *Higher Education, 83*（6）, 1355–1370.
8 ）Ministerio de Desarrollo Social.（2018）*Casen 2017. Síntesis de resultados. Educación.*
9 ）SIES（Servicio de Información de Educación Superior）.（2022a）*Compendio histórico de educación superior: estadísticas institucionales.*
10）SIES.（2022b）*Compendio histórico de educación superior: información sobre financiamiento- recursos ejecutados 1990–2021.*
11）Torres, R.（2022）. Neoliberalism and the impact of student demonstrations in Chile: pushing the bounds of the post-Pinochet education project? *Latin American Perspectives, 49*（3）, 146–161.

ABSTRACT

The Tuition-free Higher Education Policy in Chile:
The Achievements and Points at Issue

Hitomi Kudo

(Waseda University)

<Keywords: Chile / tuition-free higher education / student loans / student movement>

In Chile, the tuition-free higher education policy was introduced in 2016. This paper examines the achievements of the policy and points at issue.

In the 1980s, the military government implemented neoliberal higher education reform, such as the diversification and deregulation of institutions and the revision of subsidies for institutions. Before then, Chilean higher education consisted of only eight public and private universities and all of them were practically free of charge. After the revision of subsidies, the institutions started to charge tuition fees and a loan system was introduced. The civilian government which took power in 1990 maintained the post-reform system.

After this reform was carried out by the military government, access to higher education expanded. However, the expansion was mainly supported by tuition fees or loans. The high cost and debts became a social issue.

Tuition-free higher education was among the demands of a massive student movement in 2011, which was supported by public opinion. The policy became the manifesto of a candidate for the presidential election who assumed the presidency in 2014.

The tuition-free policy covers students from families with incomes in the lowest 60% nationwide. The higher education institutions participating in the policy are required to have obtained accreditation for at least four years from the National Committee of Accreditation. The committee accredits the institutions and decides the length of this guarantee, ranging from one to seven years depending on the evaluation results. The institutions are also required to be non-profit, have transparent and objective admission systems, and reserve at least 20% of spaces for students from families with incomes in the lowest 40% of the national income distribution.

There are no requirements for students' grades apart from when they enter the institutions that participate in the policy. Of these higher education institutions, universities require students to pass the national entrance examination. In contrast, professional institutions (Institutos Profesionales) and technical training centers (Centros de Formación Técnica) do not require the examinations, but some require a certain level of GPA in secondary school.

In 2022, tuition-free institutions comprised 36 universities, 8 professional institutions, and 22 technical training centers. The percentage of tuition-free institutions by type of institution was as follows: 62.1% of universities, 25.0% of professional institutions, and 44.0% of technical training centers.

The subsidy for tuition-free education in 2021 was 1,181,925 million pesos, which is about three times the amount of the 2016 subsidy. The beneficiaries of tuition-free education numbered 138,951 in 2016 and 435,690 in 2021. At the same time, the number of beneficiaries of scholarships and loans decreased.

The tuition-free policy has benefitted many students and families by reducing the cost of higher education. However, data and studies indicate that the policy has not dramatically increased opportunities for students from families of lower socioeconomic status or first-generation students.

日下部達哉 編著
『イスラーム教育改革の国際比較』

鴨 川 明 子
（山梨大学）

　本書の目的は、「各国で進行するイスラーム復興運動に伴う、ムスリムの手による主体的なイスラーム教育改革を活写、国際比較することにより、「今日的イスラーム」創出に尽力するムスリムの在り方の多様性を示すとともに、「ムスリムであること、またムスリムらしさを決して手放さないのはなぜか」」(p.i) という問いにアプローチすることにある。

　本書は、2009年に編者らが学会発表して以来、長い時間をかけて取り組んだ研究の成果である。より直接的には、編者を代表とする科学研究費補助金（基盤B）「ムスリム居住地域で進行する主体的なイスラーム教育改革に関する地域間比較研究」の研究成果をまとめたものでもある。

　各章の概要は以下の通りである。なお、評者は、東南アジアのマレーシアを専門に研究してきたため、同じく東南アジアのインドネシアを対象とする第3章の紹介及びコメントに多くの紙幅を割くことをご容赦いただきたい。

　第1章は、アラブ首長国連邦における「イスラーム」科目改革に関して、2017年にすべての公立・私立学校に導入された「道徳教育」との関係性を手掛かりに論じている。とかく宗教教育と道徳教育の取り扱いは論点になるが、筆者（中島悠介）は、低学年に配置されている「正直さ」をどう扱うかという点に着目し、同国における道徳教育科目とイスラーム教育科目、そしてそれらの関係性について、教科書やカリキュラムを素材にしながら具体的に考察している。

　第2章「バングラデシュの宗教教育改革（日下部達哉）」では、基礎的なマドラサの構造を説明する中で、「マドラサがいかにムスリムの生活の一部をなしているか」を描き、「地域でマドラサが果たしている基本的な役割」を明らかにし

ている（p.33）。その結果、マドラサは「決してそのすべてが先鋭化したもので
はない」（p.33）一方で、「常に改革をし続けなければならない実情」（p.58）に
あると結論付けている。本章は、複数の村での経年変化をたどりながら、住民と
マドラサの関係性に関する村落（ムラ）レベルでの地域間比較を行っていること
から、その研究手法にも注目すべき章である。

　第3章では、「インドネシアにおけるイスラーム教育改革（服部美奈）」につい
て、「制度化されない教育の伝統」に着目し論じている。現代インドネシアでは、
教育文化省管轄の学校体系と宗教省管轄の学校体系とが併存し、国民教育制度の
なかにイスラーム教育が組み込まれるという「二元的教育体系」がとられている。
本章では、まず、このように複雑なインドネシアの教育制度を説明した上で、オ
ランダ植民地期から独立にいたるまでのイスラーム教育の伝統と変革を概観し、
独立後の国民教育制度のなかに、イスラーム教育がどのように位置づけられてき
たのかをたどっている。一方、複雑な学校体系にすら組み込まれていないものの、
イスラーム教育の「伝統」として確かにある、「イスラーム諸学の専門性にもと
づき、アラビア語で書かれた宗教注釈書を用いた専門性の高い宗教教育を行う」
（p.66）高等教育機関としてのマアハド・アリーに注目している。その上で、イ
スラーム教育のダイナミズムを、一般教育とイスラーム教育の融合という点から
考察しているが、インドネシアでは、一般学校とマドラサの差異が縮小している
だけではなく、「一般学校のマドラサ化という現象」（p.76）が見られる。

　第4章は、「中東やアジアなど、他のムスリム居住地とは異なるイスラーム創
出の源泉となっている」歴史的背景を持つ（p.85）、中央アジアのウズベキスタ
ンを対象に、イスラーム復興と「寛容な世俗教育」の連関に着目して、イスラー
ム教育改革の実態とその特徴を考察している（p.86）。筆者（河野明日香）は、「民
族の文化や伝統としてのイスラームのなかに、世俗教育及びイスラーム教育の双
方が内在し、どちらかに偏重するのではなく、巧妙なバランスを取ることが求め
られている」（p.104）という創出の現況をつまびらかにしている。

　第5章は、西アフリカの「ブルキナファソにおけるイスラーム改革主義運動（清
水貴夫）」をテーマに、イスラーム教育の中で、特に存在感を増すフランコ・ア
ラブの宗教組織と教育組織としての役割を取り上げるなどして、「教育の近代化」
が進行する中で、「現段階のムスリム再生産の仕組みが、どのように変化してい

るのかを議論」（p.126）している。

　第6章は、「国民の9割がイスラームを信仰する」（p.133）モロッコにおいて、「観光業を主要産業とし、異文化との接触が多いハミリヤ村を事例に、イスラーム教育の保護および村の活性化を目指した村レベルのイスラーム教育改革」を取り上げている（p.131）。筆者（黒川智恵美）によると、イスラーム教育機関がない村にもかかわらず、「村民らが学校教育とは別の方法でイスラーム教育の発展を目指す計画」（p.152）を遂行している。

　第7章は、欧州のベルギーを事例に、「「健全な社会統合」のためのイスラーム教育？（見原礼子）」について論じられている。欧州で「最も早くに公的教育制度内で導入されたベルギーのイスラーム教育の改革」（p.173）であるが、「健全な社会統合」という任務を持つイスラーム教育は、「個々の信仰を伴う宗教教育を基盤としながら市民性教育にアプローチ」するなど、幾つかの新しいアプローチをめぐって論争のさなかにある。

　さらに、本書には、コラム「識字教育からムスリムの教育ニーズを捉える（丸山英樹）」も収録されている。

　以上本書の概要を踏まえて、その意義は以下の3点にまとめられる。

　第1に、ムスリムらしさを示す「ムスリムネス」というユニークな概念を提案し、それにより各国のイスラーム教育改革のありようを国際比較しようとしている点にある。多くの読者は、まず、「ムスリムネス」というキー概念に心惹かれることであろう。本書では、その概念を用いながら、近代化・西欧化、さらにはグローバル化のうねりの中で、いかにして、ムスリムらしさを維持するためにムスリム自身が葛藤しているかについて描きだそうとしている。しかもそのありようは、各国・各地域において、多様かつ多彩である。

　第2に、各国における綿密なフィールドワークに基づく事例を集積した点にある。本書は、比較教育学、教育人類学、文化人類学などを専門領域とする研究者たちが、それぞれのフィールドにおいて調査を重ねた結果が盛り込まれているため、非常に読み応えがある書になっている。そうした事例の集積から、たとえば、結論部で編者が示すように、宗教教育と道徳教育、宗教教育と市民性教育とのせめぎあいという各国地域で共通して見られる論点を導き出している。とりわけ、公的教育機関において早くから宗教教育が取り入れられてきたベルギーでは、近

年（2015年）、宗教教育の一時間分が市民性教育の内容に割かれるようになったという変化は大変興味深い。

　第3に、一般の読者にはなじみがないと思われるイスラーム関連の用語解説を丁寧にわかりやすく行い、決して読者を専門家のみに限定しないように努めている点にある。イスラーム教育の国際比較を通じて、教育学や比較教育学、国際教育学において汎用性のある法則を導く上でも、非常に大事な気遣いのように思われる。そうした細やかな気遣いのおかげで、イスラーム教育の専門家ではない評者でも、最後までスムーズに読み進めることができた。そのような意義を認めつつ、評者から、もう少し掘り下げていただきたいと思う点を以下に示すこととする。

　第1に、既に魅力あると形容した「ムスリムネス」という鍵概念であるが、各章の事例において、必ずしも明示的に用いられたり論じられたりしているとは言えなかった。たとえば、第3章において、国民教育制度の形成過程で一般学校とマドラサの差異は徐々に縮小し、一般教育とイスラーム教育の融合が見られる中で、子どもたちは変化をどのように受け止めているのであろうか。服部氏はその問いにも目配せし、「管轄主体が教育文化省か宗教省なのかといった問題や、フォーマルな教育なのかノンフォーマルな教育なのかといった区別を越えて、子どもたちはごく自然にその境界を行き来しているように感じられる」(p.78) と結んでいる。では、そうした子どもたちのある種柔軟なありようを、「ムスリムらしさ」ととらえてよいのであろうか。さらなる疑問が立ち上がる。「ムスリムらしさ」とは何か——読者の想像力をかきたてることによる効果をねらっているともとらえることができる反面、大変魅力ある鍵概念だけに、それを用いながら各章で現象にアプローチすることを期待してしまった。

　第2に、国際比較を掲げている本書ゆえ、事例の集積を越えて、何らかの共通性（編者の言う「統一性」(p.iv)）や差異性をより多く導き、論じ切ってほしかったというと欲張りすぎであろうか。イスラーム教育を、各国のコンテキストにそって理解するのは読者にとって非常に難しい。しかしながら、本書を通じて、読者は、分野領域横断的に、汎用的な法則を導きだすことを期待する。より多くの国や地域を加えた上で、大規模な研究プロジェクトが既に始動しているとのことであるため、国際比較による新たな研究成果が待たれるところである。

（東信堂、2022年2月15日、A5判、200頁、2,700円＋税）

ゲイリー・マッカロック、スティーヴン・コーワン 著
小川佳万、三時眞貴子 監訳
『イギリス教育学の社会史
—学問としての在り方をめぐる葛藤—』

髙橋 春菜
（盛岡大学）

　教育学は、学問なのか、教員養成なのか。イギリスに限らず今日、教育学を取り巻く環境で仕事をする人々の多くが直面している問いである。そもそも両者は二者択一を迫るものなのか、あるいは架橋しうるのか、いかにしてか。

　本書はこれらの問いに、20世紀初頭以降の「イギリスの大学」を主な舞台とする〈社会史〉の視点から示唆を得る試みである。結論からいえば、これまで学問と教員養成のいずれにも、イギリス教育学が安住の地を見出すことはなかった。というのも、「学問領域としての水準」と「実践的な関連性」の両面で二重に批判されてきた（第10章：259頁）ばかりでなく、関係する組織や個人が向かうベクトルも常に一様ではなかったからである。

　イングランドで最初の教育学教授ポストは、19世紀末に教員養成カレッジに設置されたが、それは学問よりも職業訓練を目的に設計された（第2章：30頁）。他方で教育学は心理学の一領域とさえみなされ、イギリス教育学の学問的な発展はアメリカや大陸ヨーロッパに遅れていた。そのため学問領域として自立するには相当の努力を強いられた。20世紀初頭には、ロンドン教員養成カレッジがロンドン大学教育研究所（IOE）として大学に参入し、さらに国際化を推し進めて国内における教育学の発展のモデルとなる（第3章：52頁）。そして1960年代以降、大学セクターの成長と教育システムの拡大のなかで多様なアクターを巻き込み「公的な受容と支援」を獲得する（第10章：260-261頁）。

　しかし皮肉にも「1970年代後半の経済的、社会的困難」のもとでは、あらゆる他の学問領域と同様に、教育学も各方面から実践現場との具体的な関連性（レリバンス）を求める急進的な圧力に翻弄された。教育学を学問として下支えして

いた教育哲学、教育史、教育経済学、比較教育学、教育社会学等の学問分野の存在意義がときに苛烈な攻撃に晒され、分裂と離散をも促した（第8章ほか）。

　こうした紆余曲折のあらゆる局面で教育学が頼みにしたのは「学際性」であった。本書で「学際性」(interdisciplinary)は、「単独の専門分野に根差した専門性(disciplinary)」やその寄せ集めである「総合性(multidisciplinary)」と区別され、「各専門分野の枠組や研究アプローチをもとにしつつも、共同で取り組むことで新しい枠組みや研究アプローチを創り出す」（おわりに：270頁）とされる。

　じじつ学際性はIOEを学問の高みに押し上げた立役者フレッド・クラークの理念型でもあり、その際には各学問分野の専門性が前提とされていた。総じて学際性は「問題解決」に資する新しい知的生産の型として「社会的な利益と向上への貢献」を期待されたが（第2章：16頁）、ともすると学問を犠牲にして目先の有用性に短絡しかねず、1970年代以降の動向はこの問題を如実に露呈した。その背景には、冷戦下の国家科学政策の確立を下敷きに科学が技術に奉仕する「ビッグ・サイエンス」が求心力を高めたこと（第2章：22-23頁）、高等教育への直接的な国家干渉、高等教育の大衆化、研究と財源の大型化、国内の自治政府の変容、国際化や超国家化（第1章：8頁）などが指摘されている。

　著者でIOE教授のマッカロックは、上述のジレンマを前にしてなお、「具体的で多様でありながら、なおかつ統一された全体」（第3章：44頁及び第10章:264頁）という現実と理論を架橋する「教育学」の理想ないし夢をクラークから受け継ぎ、本書最終章の末尾で読者に問う。大学のIOE（第3章）、学会（第4章）、専門雑誌（第5章）、テキスト（第6章）、学際プロジェクトの事例（第7章）、各学問分野に属する教育研究者たちの見解（第8章）、教育学者を自認する教育研究者たちの見解（第9章）という、具体的かつ多様で複雑な現実を緻密かつ網羅的に掬い上げつつ、それぞれに教育学という一つの理想を思い描き追求した（あるいはしなかった）足跡を克明かつ包括的に描き出した本書の仕事も、その見果てぬ夢への新たな挑戦だったのではないか。

　「学際性」は、「努力の分散、方法の一貫性の欠如、関心の統一性の欠如」（第10章:264頁）という深刻な事態を孕むという歴史的な教訓にもかかわらず、それでも取り組む価値があるというメッセージが、そこにはあるのかもしれない。

　　　　　　　（昭和堂、2023年3月、A5判312ページ、定価4,180円［税込]）

牛渡淳・牛渡亮 著
『教師教育におけるスタンダード政策の再検討 —社会的公正、多様性、自主性の視点から—』

牛 渡 亮
（東北大学非常勤講師）

　本書は、教師教育改革や教師に関して、主にこれまで筆者たちが学会誌や紀要に発表してきた論文をまとめた論文集である。筆者のうち、牛渡淳は教育行政・教育経営・教職研究の視点から、日米の教師教育改革を研究してきた。他方、牛渡亮は、教育社会学・文化社会学の視点から、英国や米国の多文化教育と新自由主義批判に関する研究を行い、その上で日米両国の教師教育政策を研究してきた。本書は、こうした両者の共同研究によって生まれた成果である。

　本書の目的は、近年の教師教育におけるスタンダード政策を「社会的公正」と「多様性と自主性」という2つの視点から検討し、その可能性と課題を明らかにすることにある。教師教育の領域では、教師の質保証と専門職性向上を目的に教員スタンダードが導入されているが、この政策は同時に教師教育の多様性や教師・大学等の自主性を損なう可能性もはらんでいる。教師教育のスタンダード政策において、いかに教師の質や専門職性を高めつつ教師教育の多様性や自主性を保証するのかという問題は、教育政策全体にとって大きな課題である。本書は、こうした課題意識のもと、日米の教師教育のスタンダード政策について考察した。

　本書の構成は3部に分かれる。第1部では、米国における教師教育のスタンダード政策とが、新自由主義的教育改革への対抗軸として、教師の専門職化と社会的公正の実現を目指したことを明らかにした。すなわち、1980年代後半から始まった米国の教師教育改革は、教職の専門職性の向上や高度化を目的としていたが、その政策の1つが教員スタンダードの導入であった。他方、1990年代以降、アラスカ州では、州の定めた教員スタンダードとは別に、先住民族の文化を尊重する教師を育成するための文化スタンダードが先住民族によって独自に作成され

ている。ここでは、こうした教員スタンダード政策のもとで、「専門職性の向上」
だけではなく、「多様性」もまたどのように確保されているのかという問題を、
アラスカ州での現地調査の成果を踏まえて「社会的公正」という視点から明らか
にしている。

　第２部では、日本における教師教育のスタンダード政策（コアカリキュラム、
教員育成指標、認証評価制度）について、その政策形成過程や実施状況を通して、
教師の質向上策を教師教育の「多様性」や「自主性」という視点から分析し、そ
の課題を検討した。スタンダードという強制力と画一性とを伴う国家的な政策は、
他方で、大学や教師、教育委員会の側の自主性や多様性を保障しなければ形式的・
画一的なものに終わってしまう危険性がある。この点をコアカリキュラムや育成
指標を中心に明らかにしている。

　第３部では、日本の教員スタンダード政策において軽視されがちな「大学教育」
や「教育学研究」の意義を明らかにするため、教師教育と教育学研究との関連性
や教養教育の意味、子どもの貧困研究、教職におけるエートス研究の可能性につ
いて明らかにしている。特に、教員養成が大学で行われる意味を、日本学術会議
の「教育学分野の参照基準」を手掛かりに検討し、教員養成における教育学と教
養教育の役割や意味を明らかにした。

　本書全体を貫く大きな問いは、教職を本当の意味で「専門職」にするために必
要なことは何かということである。現在、世界中で深刻な教師不足を追い風とし
ながら、新自由主義的な教師教育改革が断行されている。こうした状況において、
我が国のスタンダード政策によって進められている「教職の専門職化」が、教職
や教師教育を「画一化」し、偏狭な「技術主義」に陥らせることのないように、「多
様性と自主性と研究」を基盤とした創造的な教職と教師教育を実現させ、真の専
門職を目指すための道を探っていかなければならない。そのためには、本書にお
いて指摘したように、我が国の教師教育政策において、「参加の原理、民主性の
原理、専門職的自律性の原理」にもとづく、協同的な作成・管理・運用のシステ
ムが必要である。こうした制度的基盤が生まれて初めて、教師教育における真の
「社会的公正と多様性と自主性」が実現されるものと信じている。

（東信堂、2022年12月、A5判248ページ、定価3,400円＋税）

公開シンポジウム
「危機の時代におけるシティズンシップ教育」
危機の時代におけるシティズンシップ教育のゆくえ—その課題と可能性—
〈司会者総括〉

日暮 トモ子
（日本大学）

〈キーワード：シティズンシップ教育／分断／危機／民主主義〉

1. 本シンポジウムの趣旨

　新型コロナウイルスによる未曾有の危機を受け、国家間や社会における分断状況がより深刻化している現状に、私たちはどのように向き合い、対応すべきだろうか。このような問題関心が、本シンポジウムの出発点であった。本シンポジウムの趣旨文にも示されているとおり、新自由主義や自己責任の論理は社会や人々の絆や連帯を根本から掘り崩し、それがコロナ禍によって顕在化した。パンデミックによる格差の拡大は人々の不満を高め、新たな差別を生み出し、社会的分断をいっそう加速させることになった。国家間の関係は、コロナ禍克服のために連帯へと進むというよりも、さらに困難な方向に向かっており、世界的にも民主主義の危機が叫ばれている。身近な例を挙げれば、命を守るために採られたロックダウンという措置は、一方で人々の自由な活動や行動を人権侵害とも言える行為で制限を課すことになった。今後いっそう世界的な連帯が弱まれば、気候や環境問題などグローバルな危機への対応は遅れ、社会的な分断や排除が進んでいくことになりかねない。コロナに一定の収束がみられる現在でも、ウクライナ紛争などグローバルな危機的状況に対する解決の兆しは見えない。幾重にも重なる危機的状況から抜け出せないでいるのは、民主主義の前提となる異なる他者が互いの価値を尊重しながら共によりよい社会をつくっていくという理念自体が揺らいでいることに問題があるかもしれない。

こうした危機的状況への対応として、今日、シティズンシップ教育への期待が高まっている。だが、シティズンシップ教育の主たる目的が、若者の政治に対する関心を高め市民としての資質や能力を養うことだとしても、その望ましい関心の持ち方や求められる資質や能力は立場によって異なる。また、立場の違いによって、シティズンシップ教育の目的や方法が政治的なトピックとなりうることもある。さらに、サービス・ラーニングのように地域社会と関わるプログラムを通じて、学生が地域の一員として社会的課題の解決に向けた学びを展開できるかは、その担い手の資質や能力に係っている。つまり、シティズンシップ教育の重要性が語られる一方、シティズンシップ教育自体が危機の中にあり、再構築を迫られていると言える。そこで本シンポジウムでは、複雑な危機の時代におけるシティズンシップ教育の課題と可能性について議論を深め、改めてその在り方を問うことをねらいとした。

2. 各シンポジストの報告概要

　当日は、教育社会学・比較教育学を専門にされている大阪大学の北山夕華氏、大学地域連携やサービス・ラーニングをテーマに研究を進められている青山学院大学の秋元みどり氏、米国の高等教育の思想史を中心に研究をされている日本大学の間篠剛留氏の3名をシンポジストに招いた。上記シンポジウムのねらいを共有した上で、それぞれの専門や関心から報告がなされた。各シンポジストの報告内容の詳細はそれぞれの論考に譲るが、以下に報告の概要を簡単に紹介したい。

　まず北山氏からは、イングランドにおけるシティズンシップ教育の展開について、クリック・レポートに始まる労働党政権時代のシティズンシップ教育と比較しながら、保守系政権におけるシティズンシップ教育にみられる特徴について報告があった。労働党政権時代に導入されたシティズンシップ教育は政治的市民の育成など民主主義教育としての性格がみられたが、それが保守系政権時代では後退し、グローバルな市場で活躍する個人の育成に重きをおいた保守的・新自由主義的解釈に基づくシティズンシップ教育へと変容している点を指摘するものであった。北山氏の報告からは、シティズンシップ教育自体がそれを用いる立場によっては政治性を帯びることもあり、その結果、シティズンシップ教育のカリキュ

ラムや実践も排除の論理に結びつく可能性があることを指摘する内容であった。

　次に秋元氏からは、サービス・ラーニングを通じた教育実践の担い手である教職員の資質・能力の形成や専門的役割に焦点を当てた報告がなされた。サービス・ラーニングは学生が地域社会の課題に取り組むことを通して市民として育成することを目指しているが、秋元報告では学生の学びを促す教職員に着目しているところに特徴がある。報告では米国を事例に取り上げながら、サービス・ラーニングの実践者である教職員には、学校内／外の個々人の繋がりにとどまらず、地域連携学習を持続可能なものとなるような関係を構築できる専門職となることが求められること、さらに実践者自体が社会変革の主体としてのミッションをもち、学生とともに新たな社会を作り上げていく役割を認識することの重要性を論じた内容だった。

　最後に、間篠氏の報告では、米国の高等教育段階におけるシティズンシップ教育の展開の可能性について、シティズンシップ教育の大学への展開と大学からの展開という二側面から検討がなされた。米国の高等教育の歴史では、高等教育へのアクセス拡大こそがデモクラシーへの貢献といった考え方が支持されてきた。だが、万人が高等教育を経験するわけではなく、大学での学びや学術が私的利益にとどまってしまえば、大学者と非大卒者の間に分断を生み出すことになりかねない。こうした状況を改善するためにも、大学でのデモクラシーへの教育やシティズンシップ教育の諸議論や諸実践を、大学の内から大学の外へ、私的なものから公的なものへと広げ、それらを対話的なものとすることで、今後の大学におけるシティズンシップ教育の展開の可能性を提示する内容であった。

　以上それぞれの示唆に富んだ報告から、英米圏のシティズンシップ教育が抱える課題とその新たな展開について多くの知見を得ることができた。

3. 本シンポジウムのまとめ

　各シンポジストの報告後、よりグローバルな視点からシティズンシップ教育の可能性を探るべく、指定討論者である山梨大学の鴨川明子氏より、東南アジア諸国のシティズンシップ教育の状況について紹介いただいた。アセアン諸国の統合・連携を意味する「アセアンネス」への志向には、当該国や為政者がナショナルな

部分とローカルな部分のどちらに重点を置くかで、東南アジア諸国内でも濃淡があり、その理念も一様ではないことが示された。つまり、「シティズンシップ」や「シティズンシップ教育」自体が当該国や地域の歴史的文化的状況に基づいて語られていること、そしてそれが政治的なトピックにもつながる可能性が東南アジア諸国にも見られるとの指摘があり、シティズンシップ教育の展開における世界共通の課題の存在を知る機会となった。

　その後、鴨川氏や会場から各シンポジストへの質問を受け付けた。主な質問は以下のようなものであった。まず、シティズンシップ教育自体に政治的イデオロギー性やナショナルな側面が拭えないとするならば、そこにおける「危機」の捉え方が社会全体で共有されず、結局のところシティズンシップ教育は社会的分断状況を推し進めてしまう可能性があるのではないか、という質問である。次に、シティズンシップ教育が主に初等中等段階を中心に語られる現状に対し、初等中等教育段階と高等教育段階におけるシティズンシップ教育のねらいや内容の違いの有無、また、初等教育段階から高等教育段階へとシティズンシップ教育が展開していく上で、それらを貫く共通の理念の存在の有無、についてである。最後に、米国のサービス・ラーニングの展開の事例からみた場合、日本の学校教育に対するシティズンシップ教育や大学でのサービス・ラーニングに対する示唆や課題は何か、という質問であった。いずれの質問も、異なる価値を有する人々が共によりよい社会をつくっていくという理念自体が揺らいでいる民主主義の危機的な状況の中にあって、シティズンシップやシティズンシップ教育をどのように展開することができるのか、またシティズンシップ教育によって、今日の国家や社会に見られる分断状況を乗り越えていける可能性があるのかどうか、その可能性を探りたいという意図の下になされていたと思われる。

　以上のとおり本シンポジウムの議論は、「シティズンシップ教育」自体を自明のものとせず、議論の俎上に載せることで、改めてその在り方を問い直す契機になったのではないだろうか。会員内外の方々とともに、まさに異なる価値観や背景を有する人々との対話を通して、それぞれが共有した問いに自己省察を繰り返しながら、議論を深めることができたと考える。こうした行為や議論の積み重ねにこそ、社会的分断の危機状況を乗り越える可能性があるかもしれない。各シンポジストの報告ならびに指定討論者及び会場から貴重な問いかけをいただいたことに感謝したい。

公開シンポジウム
「危機の時代におけるシティズンシップ教育」
保守政権におけるシティズンシップ教育
―イングランドの政策と実践はどのように変容したか―

北山 夕華
（大阪大学）

〈キーワード：シティズンシップ教育／イングランド／新自由主義〉

　イングランドにおけるシティズンシップ教育の導入は、日本でも注目を集めてきた。一方、英国は二大政党制であるゆえに、政策の振り幅が大きく、シティズンシップ教育もまた、政権の立ち位置や、その時々の社会情勢を反映して変遷してきた。本発表では、2010年以降の保守党政権下におけるシティズンシップ教育について、労働党政権時代と比較しながら考察する。

1. 労働党政権のシティズンシップ教育

　シティズンシップ教育の指針を示した主要政策文書には、1998年発表の『シティズンシップのための教育と学校における民主主義教育』（通称クリック・レポート）（QCA 1998）と、2007年の『カリキュラム・レビュー：多様性とシティズンシップ』（通称アジェグボ・レポート）（Ajegbo, Kiwan & Sharma 2007）が挙げられる。クリック・レポートは、シティズンシップ教育の目標を「参加型民主主義の本質と実践に関する知識、スキル、価値を身につけ、発展させること」（QCA 1998, p.40）としており、政治的市民の育成を通じて参加型民主主義を支えることをめざしたと考えられる。クリック・レポートはシティズンシップ教育の三つの「撚り糸」（strands）として「社会的・道徳的責任」「共同体への参加」「政治的リテラシー」を提案し、シティズンシップ教育は2000年から小学校の人格・社会・健康教育の一部として、2002年からは中学校課程の必修科目として導入

された。アジェグボ・レポートは、2005年7月7日にロンドンで起こった地下鉄・バス連続爆破事件をきっかけとした多文化社会における統合をめぐる議論の高まりを背景としており、第四の撚り糸として「アイデンティティと多様性：英国でともに生きる」を提案した。

労働党政権時代に導入されたシティズンシップ教育は、政治学者であるクリックが主導したクリック・レポートをその骨子としており、民主主義教育としての性格が強いものであったといえる。ただし、詳細な実践内容や方法については現場に委ねられる部分も大きく、実際には学校や教師ごとの興味関心やニーズに即した柔軟な実践が行われた（北山 2014）。

2. 保守党の政策とシティズンシップ教育

2010年に保守党と自由民主党の連立政権が発足し、2015年からは保守党の単独政権となり、2023年5月現在まで保守系政権が続いている。2010年に保守党が掲げたスローガンである「大きな社会」は、社会活動等を通じて人々が地域社会で「能動的な役割」を担うための支援を優先課題の一つとしており、民間のボランタリズムとしての能動的（active）シティズンシップが強調されている。

保守連立政権下では、教育改革の新自由主義的な傾向が一層明確となった。学校選択や学校運営の多角化がより重視され、国から運営費を受給しながらもナショナル・カリキュラム（以下NC）に沿う義務を負わない「アカデミー」という学校が増え、その割合は学校全体の約半数を占めている。また、「コア科目」と呼ばれる英語・数学・科学の学力テストを重視する傾向が強まり、それ以外の教科や学習内容、人種問題など多様性への取り組みが軽んじられているとの報告もある。

NCは2013年に改訂版が発表され、2014年9月から施行された。新NCでは、コア科目が60〜90頁であるのに対し、シティズンシップを含む非コア科目の記述は各数頁となり、コア科目重視の傾向が明確となった。その短い記述にも、保守党政権下のシティズンシップ教育の特徴を読み取ることができる。中等教育課程にあたる、キーステージ3と4の「ねらい」には、次の4点が挙げられている。

① 英国の政治制度と、政府の民主的制度への参加についての知識と理解

② 法律と裁判制度の役割、法律の成立と適用についての知識と理解

③ ボランティア活動やその他の責任ある活動への関心と献身の育成

④ 批判的思考と政治的議論のためのスキル、自身の金銭管理、将来必要な資金についての計画（DfE 2013, p.1）

①と②は、一見クリック・レポートの「政治的リテラシー」に対応しているように見えるが、学習目標の内容は、公的な法制度の知識にとどまり、それを通じた社会問題の解決や社会的公正の追求は言及されていない。③のボランティア活動の強調は、保守党の「大きな社会」構想における能動的シティズンシップに関連するものと考えられる。たとえば、英国内務省は16～17歳の若者に社会奉仕活動の機会を提供するナショナル・シティズン・サービスを2011年に立ち上げている。④の金銭管理は、シティズンシップ教育に新たに追加された要素である。経済教育は富の再分配など公正の観点からのアプローチも取りうるが、NCの記述は主として個人の金銭管理に関するものである。

加えて、2014年版のカリキュラムでは、「基本的な英国の価値」（Fundamental British Values、以下FBV）を学ぶことが必須となった。「民主主義、法の支配、個人の自由、異なる信仰を持つ人々に対する相互尊重と寛容という、基本的な英国の価値観」の推進が学校に課され、そこには「学校でFBVに相反する意見や態度に対抗する」ことや、生徒が「この国の法律と宗教的な法律の違いを認識」することが含まれている（DfE 2014, p.3-5）。

3. シティズンシップ教育の保守的転回と教育実践

以上を概観すると、NCからコア科目でないシティズンシップ教育の記述が大幅に減る一方で、自己責任による経済的自立をめざした消費者としての市民像が垣間見える。また、「大きな社会」と連動した形でボランティア活動が強調される中、市民や民間団体が地域の課題解決の主体とみなされれば、貧富や地域住民の連帯の格差が地域の公共サービスの格差につながるとの指摘もある。加えて、FBVは、個人の思想・信条の自由に踏み込んでいることや、イスラム教徒の子どもを実質的にターゲットにしている点において、保守党の教育政策の中でも最も論争を呼ぶものとなった（Jerome, Elwick & Kazum 2019）。こうした傾向の

もと、クリック・レポートが重視した政治的市民の育成の側面は後景に退いてきた。

　シティズンシップ教育について、Marshall（2009）は、社会の不公正を是正しようとする社会正義のアプローチと、法制度や権利の実用主義的な側面とグローバル市場で活動する個人の育成に重きをおく保守的・新自由主義的なアプローチの二つに大別している。この見方に照らせば、保守党政権におけるシティズンシップ教育は、保守的・新自由主義的アプローチに傾いていると考えられる。他方、教育実践に関しては、多文化共生に関する既存の取り組みとつなげた学校の事例など、教育現場レベルでの柔軟な解釈の試みや、政策に批判的な教師たちの姿勢も報告されている（北山 2022）。NCの簡素化が柔軟な取り組みをおこなう余地を生んだ側面もあるが、それは、シティズンシップ教育の経験格差の拡大の可能性を示唆するものでもある。本発表で取り上げた2010年以降の変容は、保守的・新自由主義的解釈に基づくシティズンシップ教育の事例として、シティズンシップ教育の可能性と危うさの双方を示しているといえる。

【引用・参考文献】
1 ）北山夕華（2014）『英国のシティズンシップ教育―社会的包摂の試み』早稲田大学出版部.
2 ）北山夕華（2022）「シティズンシップ教育と新自由主義―保守系政権下における政策と実践の検討―」『日英教育研究フォーラム』26, 69-83.
3 ）Ajegbo, K., Kiwan, D., & Sharma, S.（2007）*Curriculum review: Diversity and citizenship*, DfES.
4 ）DfE（2013）*National curriculum in England: Framework document*. DfE.
5 ）DfE（2014）*Promoting fundamental British values as part of SMSC in schools: Departmental advice for maintained schools*, DfE.
6 ）Jerome, L. Elwick, A. & Kazum, R.（2019）'The impact of the Prevent duty on schools: A review of the evidence', *British Educational Research Journal*, 45（4）, 8221-8837.
7 ）Marshall, H.（2009）'Educating the European citizen in the global age: Engaging with the post-national and identifying a research agenda'. *Journal of Curriculum Studies*, 41（2）, 247-267.

公開シンポジウム
「危機の時代におけるシティズンシップ教育」

地域連携学習における専門的役割
—サービス・ラーニング実践者の資質・能力に着目して—

秋元 みどり
（青山学院大学）

〈キーワード：地域連携学習／サービス・ラーニング／大学教育／専門職の資質・能力〉

1. はじめに

　日本社会における2010年代以降の地方創生を目指す全国的な取り組みは、大学教育をめぐる政策的な動きや、大学の機能拡張とも関わってきた。各種事業助成金の獲得と、学士課程教育の質的転換の流れにともなって、地域や大学の特性を生かした取組みが広がっている。主に米国の大学で展開されてきたサービス・ラーニング（以下、SL）は、学生が地域社会のニーズや課題に対応する活動とその省察を通して、学習目標を達成する経験学習（Jacoby 2015）であり、正課科目に多く位置付けられている。SLの広がりとともに、カリキュラムや学習成果に関する報告が蓄積される一方で、実践者に求められる役割や専門的な能力に関する議論や研究は限られている。大学の地域連携に関わる業務の窓口となる部署には、産学連携事業や社会貢献活動を支える専門職としてのコーディネーターの配置も増えているが、立場や雇用環境の不安定さ、キャリア形成の困難さ等の現状がある。SL実践者の専門性や資質・能力を考える視点として、様々な特性を持つ地域社会をフィールドとした学ぶ場の生成のみならず、市民学習を通した学生のコンピテンシー（知識・能力・態度）を形成することが重要であると同時に、地域社会側にとってもエンパワメントとなることが望まれる。本報告では、SL実践者に求められる役割や資質・能力の形成と、それらが今後の大学教育や地域

社会にどのような意義をもたらすのかについて、米国の実践と研究をもとに検討したい。

2. 米国でのSL実践と担い手をめぐる状況

　今日のSLにつながる要素は、コミュニティの発展と学生の成長の両者のバランスを重視し、自らの体験を批判的に振り返ることを伴う学習活動として、1960年代以降の米国高等教育のなかで成立しており、カリキュラムに統合されたSLは、1990年以降に拡大していく。SLは米国における「サービス文化」の上に成立したものとされる（唐木 2010）一方で、学生による地域社会でのサービス活動やボランティア活動が、一方向的な慈善活動となっており、大学側のパターナリズムな関係の再生産につながりかねないことや、社会正義の実現という視点からの議論もなされてきた（Mitchell 2008, Mitchell & Chavous 2021）。また、「サービス」という言葉を忌避し、CBL（コミュニティ・ベースド・ラーニング）とする大学もあり、大学と地域との互恵的関係の構築と新たな知の創造を土台とし、民主的で公正な社会の形成に価値が置かれている。また、地域連携学習を科目に組み込んだ実践を行う教員や、専門職員は、「実践家－研究者（Practitioner-Scholar）」という性質を兼ね備え、実践と研究的知見を往還的に発展させていく役割が重視されており、「コミュニティ・エンゲージメント・プロフェッショナル：以下、CEP）」という専門職を示す名称も広がりつつある。

3. 専門的役割と資質・能力の形成

　それでは、SL実践者に求められる専門的な役割と資質・能力とは、どのように捉えることができるのか。CEPをはじめ地域連携学習の担い手に求められる役割やコンピテンシーとして、まず、McReynoldsとShields（2015）による整理があげられる。CEPは、教育者、省察的実践者、コミュニケーターであるとされ、4つの側面：①組織管理者（リスクマネジメント、プログラムの評価、リソースの開発・管理）、②組織・戦略的リーダー（組織開発、教員の能力開発、学生の能力開発）、③コミュニティ・イノベーター（互恵的パートナーシップの構築、

学内外への影響促進）、④取組への貢献者（実践者の能力開発、コンサルティング等）とされている。また、4つの側面それぞれに、初心者、中級者、上級者と段階別に能力が提示されている。

　次に、Dostilio（2017）による、CEPコンピテンシーモデルがあげられる。CEPは、大学と地域の橋渡し役にとどまるものではなく、社会変革の主体としてのミッションをもつ専門職であることが強調され、大学における地域連携学習の推進に必要な6つの領域；①高等教育における変革を導く、②大学における制度化をはかる、③学生の市民学習と成長の促進、④プログラムの管理と運営、⑤教員の能力開発とサポート、⑥質の高いパートナーシップの形成と提示されている。大学や地域の特性に応じて、実践にともなう幅広い要素が組み合わされたものとして、CEPの包括的な専門的役割を捉えることができる。さらに、担い手の能力形成の場として、実践者コミュニティの形成や大学間ネットワークでの各種研修が行われている。そこでは、大学教職員のみならず、地域側のパートナーも参加し、ディスカッションや知見の共有を通じた学習活動と相互の関係構築が行われており、参加者各自の省察と、新たな知識やスキルを学ぶサイクルを通じて、実践的な能力が形成されていくことが目指されている。

4. おわりに

　米国のSL実践と研究から、今後の日本の大学教育の現場に対して、どのような示唆が得られるのか。まず、従来の大学教員か職員かに限定されない、専門職としての立場と役割の明確化があげられる。社会の変化にともなう、様々な大学の機能拡張が行われているなかで、教職員に求められる役割や能力も多様化していくと考えることができる。地域連携学習という実践領域や担い手のはたらきが明確化されることによって、新たなニーズに伴う専門性の機能整備や、組織体制づくりにつながることが考えられる。

　第2に、専門的役割や能力が地域連携学習のなかで機能することによって、バランスの取れたアセスメントを定着させていくことが期待される。大学と地域との関わりが、教職員の個人的なつながりに依存するものではなく、組織的かつ持続可能な関係構築に近づいていくことが重要である。専門的観点から包括的な検

討や改善といったアセスメントがなされることによって、プログラムの形骸化や
アンバランスな力関係を防ぎ、大学と地域の双方の目的に敵うパートナーシップ
の形成を促すことにつながると考えることができる。そしてこれらに関連する第
3点目として、SL等の大学地域連携の実践における役割や専門的能力の形成の場
を通して、大学教職員が学びの主体となり、学生とともに今後の地域社会の変化
を導く存在になることが考えられる。今日の日本社会が抱える人々の多様性の受
容や公正性をめぐる問題は、SLが取り組むテーマとも深く関わるトピックであ
る。大学と地域社会を越境したフィールドでの実践の担い手として、大学教育に
求められる役割や新たな専門職のあり方を創造していく主体となりうることが考
えられる。

【引用・参考文献】
1）Dostilio, L. D. & Perry, L. G.（2017）*An Explanation of Community Engagement Professionals and Leaders. The Community Engagement Professionals in Higher Education: A Competency Model for an Engaging Field*, Campus Compact.
2）唐木清志（2010）『アメリカ公民教育におけるサービス・ラーニング』東信堂.
3）Jacoby, Barbara（2015）Introduction to Service-Learning, *Service-Learning Essentials-Questions, Answers, and Lessons Learned*, Jossey-Bass.
4）McReynolds, M. & Shields, E.（2015）Diving Deep in Community Engagement: A Model for Professional Development, Iowa Campus Compact.
5）Mitchell, T. D.（2008）Traditional vs. Critical Service-Learning: Engaging the Literature to Differentiate Two Models, *Michigan Journal of Community Service Learning*, Volume 14, Issue 2, pp.50-65.
6）Mitchell, T. D. & Chavous, Tabbye（2021）Centering Social Justice in the Scholarship of Community *Engagement, Michigan Journal of Community Service Learning*, Volume 27, Issue 1, pp.1-4.

【附記】
本報告は、JSPS科研費18K02744の成果の一部である。

公開シンポジウム
「危機の時代におけるシティズンシップ教育」
米国高等教育におけるシティズンシップ教育の可能性
―大学への展開、大学からの展開―

間 篠 剛 留
（日本大学）

〈キーワード：高等教育／大学／シティズンシップ／デモクラシー〉

1. はじめに

　日本の高等教育政策において、民主的社会の形成や民主的市民の育成という関心は比較的乏しい。たとえば日本学術会議は2010年の「提言　21世紀の教養と教養教育」において、「教養教育の究極の目標として想定されていた「民主的社会」とその豊かな展開を担う「民主的市民の形成」という観点が後景に退」いていると指摘している。一方、米国に目を転じてみると、公共善に貢献する高等教育という伝統があり、その伝統を再び活性化させようという議論が盛んにおこなわれている。社会的分断やデモクラシーの危機が叫ばれている時代において、高等教育の役割を再検討しているのである。そこで本報告では、米国の高等教育論を手掛かりに、高等教育におけるシティズンシップ教育の可能性を検討したい。

2. 米国高等教育史における公的なものへの関心と、そこでの困難

　米国高等教育史を辿ってみると、公的なものへの関心が連綿と続いていることがわかる。植民地期から建国期にかけては、公共善のための教育が意識されていた。古くは聖職者養成が中心で、やがてより広い学位を提供するようになったものの、社会のリーダーを育成することが求められていたことには変わりない。これを本報告の目的と関連付けるなら、いわば社会を率いる存在としてのシティズ

ンシップが求められていたと言える。

　やがて南北戦争期になると、「エリートのための教育」にとどまらず、より多くの学生に門戸が開かれるようになり、「万人のための教育」が目指されるようになった。その後、研究大学が勢いを強めていったが、そうした中で市民育成への関心が完全に失われたわけではなく、デモクラシーへの貢献や公共善は意識されていた。ただ、高等教育人口が拡大し、進学者が多様化していくと、そこで育まれるべきシティズンシップも、社会のリーダーとしてのシティズンシップだけではなくなっていく。そのことは、大学により強力にシティズンシップ教育を展開していこうとすることについて、困難を生むことになる。

　万人のための教育という南北戦争期以来の伝統は、高等教育へのアクセス拡大こそがデモクラシーへの貢献であるという考え方を支持してきた。しかし実際には、万人が高等教育を経験するわけではない。そのため、「カレッジや大学の学生に民主的な教育を増やす努力は、逆説的に、アメリカ社会の社会的階層分化を増大する可能性がある」（Thomas 2010）。

3. シティズンシップ教育の可能性——大学からの展開を考える

　では、そうした状況の中、高等教育におけるシティズンシップ教育にどのような可能性があるだろうか。いくつかの取り組みや議論をとりあげて考えてみたい。

　一つは、秋元報告で詳述されたサービス・ラーニングである。単にそこに通う学生の市民としての態度や能力を育成すればそれでよいとするのではなく、地域や社会を巻き込んでいこうとするサービス・ラーニングの取り組みは、シティズンシップ教育が大学から拡大していく流れと見ることができる。前述のトーマスは、上記の危険性を認識したうえで、サービス・ラーニングがそれを乗り越える可能性を指摘している。サービス・ラーニングは学生個々人を教育するにとどまらず、大学や学生と地域社会との関係を築く。そのため、その利益を高等教育に通う者に限定せず、それによって成長する者を学生に限定しない。大学で完結しない点に、サービス・ラーニングの可能性がある。

　ただし、サービス・ラーニングだけにシティズンシップ教育を担わせようとすれば、その理念は実現されないだろう。それを根底で支え、高等教育全体を考え

る視点も必要となる。その代表的な論者としてマーサ・ヌスバウムが挙げられる。ヌスバウム（2013）は、経済的な利益が追求されるあまり、各国やその教育システムがデモクラシーの存続に必要なスキルを看過してしまっていると指摘する。それはまさに世界規模の教育危機である。これに対抗してヌスバウムは、自分自身を批判的に吟味する能力や、自分自身をある地域やグループの市民としてだけでなく他のすべての人間と結びついた人間として見る能力、自分とは異なる人の立場にあることを考え、そうした人々の感情や希望や欲求を理解する能力の育成を訴えている。私的な利益のためにスキルを習得するだけであれば、大卒者と非大卒者の間の分断は加速するかもしれない。しかし、大学での学びが私的利益にとどまらず、外へ公へとつながっていけば、分断に抗う可能性も見えてくる。

　このような取り組みは、特別なテーマのプログラムや科目だけでなく、一般的で日常的な授業でも可能だろう。ヴィセント・ティントは、大学における共同的な学びの中で学生たちは「教育的シティズンシップ」と呼べるようなものを身に付けていくと主張している（Tinto 2000）。これは、我々は相互に依存する世界に住んでおり、そこでは自分の福祉が他人の福祉と密接に絡み合っているのだという感覚である。人種や階層、ジェンダーや出身、学問的関心に関わらず、学生個人の学び・学術と仲間たちの学び・学術は、根本において同一なのだという認識は、日常的な学びの場においてこそ育まれるだろう。学びや学術の本来的な共同性の認識それ自体が、シティズンシップに寄与し得るのである。

　また、高等教育や大学生活の全体でデモクラシーへの教育を考えるにあたって、大学外と意見を交わすことも重要となる。2012年、連邦教育省がアメリカ・カレッジ大学協会に委託して作成された報告書「クルーシブル・モーメント」（National Task Force on Civic Learning and Democratic Engagement 2012）はその代表的なものである。そこでは、「市民不在のデモクラシー」の危機があるにもかかわらず、市民学習と民主的な関与がすべての学生に期待されておらず、オプションのままになっているという問題が指摘されている。デモクラシーへの教育は、高等教育の中心に位置づくべきだと同報告書は主張し、具体的な取り組みの事例を提示している。高等教育全体でデモクラシーへの教育を担うべきだという主張自体は、これまでも様々に語られてきた。これに対して「クルーシブル・モーメント」は、経済的成功のための準備とシティズンシップのための教育とは

両立すると考えている点で特徴的である。デモクラシーのための望ましい教育を、大学・カレッジという閉じた世界で考えるのではなく、経済産業界にも議論を開き、広く同意を得られるような教育の在り方を模索しようとしているのである。

4. おわりに

　デモクラシーの危機の時代にあって、デモクラシーに寄与する教育やシティズンシップ教育を大学に期待するのは自然なことかもしれない。しかし、それを大学の中にとどめようとすると、大学と大学外、ないしは高等教育を経験した者とそうでない者の断絶を悪化させることが懸念される。そうなると、大学への展開だけでなく、サービス・ラーニングがその可能性を見せているような、大学から外への展開が必要になってくるだろう。ただし、その可能性はサービス・ラーニングに任せるだけでは十分なものとはならない。大学の本体が変わらずに、周辺的な変化や適応だけで済ませるのであれば、それは大学外との十分な対話とはならないだろう。こうした状況の中、米国高等教育の諸議論や諸実践には、日常的に学びながら、その学びや学びの目的を大学内から大学外へ、私的なものから公的なものへと広げていく可能性を見出すことができる。

【引用・参考文献】
1）Thomas, N. L. (Ed.). (2010). *Educating for Deliberative Democracy*. San Francisco: Jossey-Bass.
2）ヌスバウム，M．C．（2013）『経済成長がすべてか——デモクラシーが人文学を必要とする理由』小沢自然・小野正嗣訳、岩波書店.
3）Tinto, V. (2000). Learning Better Together: The Impact of Learning Communities on Student Success in Higher Education. *Journal of Institutional Research* 9: 48-53.
4）National Task Force on Civic Learning and Democratic Engagement. (2012). *A Crucible Moment: College Learning and Democracy's Future*. Association of American Colleges and Universities.

【附記】
1）本研究は、JSPS科研費20K14038、及び公益財団法人カシオ科学振興財団第11回（令和2年度）研究協賛事業の助成を受けたものである。

課題研究 I
「『日本語教育推進法』（2019年施行）における言語学習支援の評価
と課題─オーストラリア、フィンランド、日本の取り組みをふまえて─」
〈司会者総括〉

大谷 杏
（福知山公立大学）

　2019年6月21日に参議院で可決され、6月28日に公布・施行された「日本語教育の推進に関する法律」は、日本語施策への取り組みを国や自治体の責務とし、事業主等が技能実習生に対し日本語能力の向上の機会を提供する支援を行うことなどを規定している。また、その第10条1項に基づき、2020年6月23日に策定された「日本語教育の推進に関する施策を総合的かつ効果的に推進するための基本的な方策」では、国や地方公共団体が地域の状況に応じた日本語教育推進施策を策定・実施することや、外国人の家族に対しても日本語学習機会を提供する支援を行うことなどが基本的な方向として示された。

　このような中で、日本は国内外における外国人に対する言語学習支援の先進事例を参考にしつつ、法に則った仕組みを整備していく段階に来ている。そこで、本課題研究では、それらの先進事例から、今後の日本の外国人への言語学習支援のあり方について考えていく。取り上げるのは、長年にわたり移民に対する言語教育政策を展開してきたオーストラリア、日本よりも早い段階で外国語話者の割合が増加したフィンランド、日本の中でも古くから多文化共生への取り組みが行われてきた大阪の3か所の事例である。2020年以降、新型コロナウイルスの影響を受けて、在留外国人数の減少が見られたが、徐々に回復しつつある。また、政府は今後「特定技能2号」の分野を拡大させ、在留期間を延長する方向であり、在留外国人数は益々増えていくことであろう。地域を取り巻く状況は様々であることから、他地域での成功事例の導入が必ずしも功を奏すとは限らないが、各地域の現状を踏まえた上で、学ぶべき点をしっかりと把握し、言語面における最善の受け入れ態勢へと繋げることが期待される。

報告者及び各報告者の報告テーマは以下の通りであった。

報告1：太田 裕子（早稲田大学）「オーストラリアの言語教育政策の変遷から
　　　　見る『日本語教育推進法』の成果と課題」

報告2：大谷 杏（福知山公立大学）「フィンランドにおける第 2 言語としての
　　　　フィンランド語教育―成人を対象とした取り組みを例として―」

報告3：今井 貴代子（大阪大学）「大阪をフィールドにした取組みからの日本
　　　　語教育推進法の批判的検討」

コメンテーター：野山 広（国立国語研究所）

　報告1では、まず、日本語教育推進法の成果と課題が述べられた上で、移民
を多く受け入れてきた歴史を持ち、独自の言語教育政策の下で、英語教育のみ
ならず、英語以外の言語教育、英語リテラシー教育なども同時に推進してきた
オーストラリアの言語教育政策の変遷について説明があった。1950年代までの
「白豪主義」のもとでの同化主義的政策、1960 ～ 70年代の「多文化主義」への
転換、1980年代の多文化主義をめぐるせめぎ合い、1987年のNational Policy on
Languages（NPL）の策定に伴うEnglish for All、アボリジニ言語、LOTEの
取り組みとその後の言語教育環境の整備、1991年のAustralian Languages and
Literacy Policy（ALLP）によるLiteracy for All, LOTE for All、その後の経済
至上主義やESL教育への影響、2000年代のLOTEからLanguagesへの取り組み、
ナショナルカリキュラムの策定など年代を追った報告がなされ、最後にオースト
ラリアの120年に及ぶ言語政策の取り組みを踏まえ、日本の言語政策を考えてい
く上での示唆を得た。

　報告2では、日本よりも早い段階で多言語化を迎えたフィンランドの多言語状
況を概観した上で、移民・難民関連法、第2言語としてのフィンランド語（Suomi
toisena kielenä＝以下S2）教育の学習環境や講座の詳細が述べられ、今後の日本
の言語教育に対し、ヒントとなる部分について検討がなされた。フィンランド
国内では現在、住民の8％超が外国語話者となっている。言語関連法として「言
語法（423/2003）」が、移民・難民関連の法として「移民の統合促進に関する法
（1368/2010）」があり、報告では、とりわけフィンランドの国語であるフィンラ

ンド語とスウェーデン語の言語教育への言及箇所が注目された。また、法律に基づいたS2教育の実施状況を把握するために、実施機関、講座の検索方法、教師資格、受講者のレベルと受講者数、授業形態、開催曜日からの分析が行われた。加えて、ヘルシンキ市に隣接するヴァンター市の成人教育センター開催の3つの講座の詳細紹介、最後に、現時点において日本の法制度、教育制度と異なる点が列挙された。

　報告3では、はじめに、1989年の出入国管理及び難民認定法（入管法）改正から2019年の入管法改正までの間に「日本語指導が必要な児童生徒」の顕在化と潜在化が起こり、学校教育からの排除と同化、後期中等教育における教育格差が生じたことが課題として挙げられた。加えて、「日本語教育推進法」における子どもの教育に関わる箇所の内容の検討がなされた。次に、大阪の「在日外国人教育」の現場から、府立高校の「日本語指導が必要な帰国生徒・外国人生徒入学者選抜」の事例紹介や、「枠校」卒業生進路調査に基づき、母語・母文化を活用した進路選択の状況が紹介された。続いて、2012年以降に実施された新自由主義的施策の影響やその他ヘイトスピーチなど、そしてそれに対する、行政、学校、NPO、市民のネットワークによる抵抗や再創造の例が示された。最後に、日本語教育推進法が新自由主義・排外主義に加担しないために必要なこととは何かが検討された。

　コメンテーターの野山氏からは、順番は前後するが、フィンランドの「移民の総合促進に関する法（1386/2010）」の第11条に関して、フィンランドが隣国スウェーデンの影響を受けていることから、スウェーデンの事例が紹介された。スウェーデンでは、義務教育年齢内の移民は学校教育の一環として、義務教育機関である基礎学校で1960年代からスウェーデン語教育が行われてきた。自治体も必要があれば必ずそれを実施しなければならず、また母語教育に関しても本人が望めば受ける権利があると学校法令に規定されていることが示された。次に、大阪の事例については、報告2の中での日本語教育推進法に対する懸念や批判を受けて、2019年に立憲民主党が国会に提出した「多文化共生基本法案」が審議未了になり、改めて2022年に議員立法として衆議院に提出されたことが紹介され

た。オーストラリアの事例からはALLPの特徴のうち、「リテラシー」という語に焦点を当て、その定義についてユネスコやパウロ・フレイレの理論を踏まえつつ、岩槻（2016）の定義が示された。最後に、日本語のリテラシー（読み書き）を支える基本生活漢字381字が紹介された。

　以上、報告者3名とコメンテーター1名による発表、コメント内容であった。総括として、本課題研究から今後の日本語教育政策への示唆を得られたとすれば、次の点を挙げることができるであろう。

　第1に、言語教育政策は国内外の政治的、社会的状況に左右されやすく、とりわけ経済的意義が強調されがちである。経済合理主義、新自由主義的な潮流に飲みこまれてしまうことのない言語教育政策が求められる。

　第2に、様々な関係者の協力のもとで「共生社会」を実現していくことが求められる点である。言語教育は第2言語のみに留まらず、母語や継承後も含めた言語支援など、より包括的かつ多角的な視点から対象者を支援していくことが重要である。正確なニーズの把握を行い、適切な文言の使用、言語教育の実施計画を推進していくためにも、特定の限られた場や人物のみで策定するのではなく、当事者を含めた様々な関係者による議論を経た上で実現へと向かうのが望ましい。

　第3に、外国人住民に対する日本語教育の推進は、外国人のみならず、日本に住む全ての人々にとってのメリットとなることを日本人の側が認識することが重要である。その意識の変革こそが排除の姿勢を改めさせ、外国人住民が日本で安心して学び、生活をすることができる真の日本語教育推進法の運用に繋がっていくのではないかと考えられる。

　今回は時間的な制約もあり、オーストラリア、フィンランド、日本の大阪という、限られた国や地域に焦点を当てるに留まったが、言語教育政策という面では、コメンテーターの野山氏からも言及のあったスウェーデン、カナダ等、様々な国の事例から今後検討していく必要がある。

【引用・参考文献】
1）岩槻知也編著（2016）『社会的困難を生きる若者と学習支援―リテラシーをはぐくむ基礎教育の保障に向けて』明石書店

課題研究Ⅰ「『日本語教育推進法』(2019年施行)における言語学習支援の
評価と課題―オーストラリア、フィンランド、日本の取り組みをふまえて―」

オーストラリアの言語教育政策の変遷から見る
「日本語教育推進法」の成果と課題

太　田　裕　子
(早稲田大学)

〈キーワード：オーストラリア／言語教育政策／日本語教育推進法／共生社会〉

1. はじめに

　本稿は、2019年に発表された「日本語教育の推進に関する法律」(令和元年法律第四十八号)(以下、「日本語教育推進法」)の成果と課題を、オーストラリアにおける言語教育政策の変遷から検討することを目的とする。

2.「日本語教育推進法」の概要とその成果、課題

　日本の人口は2008年以降減少しているが、在留外国人数は増加しており、今後も増加が見込まれる。その背景には、人口減少への対応として外国人受け入れを推進する日本の経済政策がある。外国人増加に伴い、2000年代前半から日本語教育の公的補償と法制化を求める提言が、研究者や地方公共団体によって行われ、2019年6月28日に、「日本語教育推進法」が公布・施行された(神吉2020)。
　「日本語教育推進法」は、「多様な文化を尊重した活力ある共生社会の実現に資する」ことを目的とし(第一条)、「外国人等」に対し、「その希望、置かれている状況及び能力に応じた日本語教育を受ける機会が最大限に確保されるよう行われなければならない。」(第三条)とする。「外国人等」は、「日本語に通じない外国人及び日本の国籍を有する者」(第二条)と定義されており、日本語教育を必要とする個人の国籍、状況、能力の多様性が認識されている。また、日本語教育

の推進における、国、地方公共団体、事業主の責任が明示されている（第四〜六条）。

　ここで重要なのは、「共生社会の実現」を日本語教育推進の目的として明示した点である。これは、日本のナショナル・アイデンティティの表明といえる。「外国人等」の多様性を尊重しながら、国が日本語教育を推進する責任を表明した点も評価できる。一方、言語教育政策を包括的に捉える視点が欠けている点は課題である。子どもへの日本語教育では「家庭における教育等において使用される言語の重要性に配慮」する必要性が指摘されているが（第三条7）、彼らへの第一言語教育や、全ての人への第二言語教育には言及がない。そのため、「外国人等」のみに変化を求める同化主義的な法律と言わざるを得ない。この背景には、日本がどのような「共生社会」を、なぜ目指すのかが見えないという、より大きな課題がある。

3. オーストラリアの言語教育政策の変遷

　20世紀初頭から1960年代まで、オーストラリアは「白豪主義」のもと非英語系移民受け入れを制限し、受け入れた移民に対しては同化政策を実施した。第二次世界大戦後、経済と国防上の理由により非英語系移民を大量に受け入れると、移民に対する同化主義的な英語教育政策を打ち出した。1964年の移民法改正により「白豪主義」を放棄し、1972年に労働党政権が「多文化主義」を掲げると、ナショナル・アイデンティティが転換した。そして、移民の権利保障としての英語教育と言語サービスが拡充され、非英語系の子どもへの英語教育、バイリンガル教育、全ての子どもへの多文化教育が実施された。（川上 2012）

　1980年代、経済状況の悪化、移民の増加から、多文化主義政策への批判が高まり、政府はアジアを重視する経済・外交政策を打ち出した。移民の子どもに対する英語教育は後退し（川上 2012）、学校における外国語学習者は減少した（Ingram, 2004）。このような、「多様性」と「統一性」のせめぎ合い（青木 2008）の中、1987年、『言語に関する国家政策』（Lo Bianco, 1987）（以下NPL）が発表された。

　NPLは、言語政策を通して、言語に起因する不平等や差別を克服し、公平・公正な社会を目指すという理念を明示した。同時に、言語教育を国家の対外的（経

済的・政治的）戦略の一環と位置付けた。NPLは、言語政策の対象として、①全ての人への英語教育、②全ての人へのLOTE（英語以外の言語）教育、③多言語によるサービスの提供、④ESL（第二言語としての英語）学習機会の提供を挙げた。②の意義として、知的・文化的豊かさ、経済的効果、社会正義と平等、対外的意義を挙げ、移民の第一言語や手話等のコミュニティ言語教育と全ての子どもへの第二言語教育を提言した。NPL発表後、言語教育の環境整備が国主導で推進された。

　1991年、新たな言語政策、「オーストラリアの言語―オーストラリアの言語とリテラシーに関する政策」（以下ALLP）（Dawkins, 1991）が発表される。ALLPはNPLを土台としたが、言語教育の重心は英語リテラシーと特定のLOTEに移った（青木 2008）。そして、言語教育に国家の経済発展への貢献を求めて多額の予算をつぎこむとともに、評価基準を設け成果を求める、経済合理主義的な姿勢が顕著に強まった。ALLP以降、1990年代を通して、英語リテラシー、アジア重視の言語教育政策が次々に推進された。

　2000年代、英語リテラシーを重視する動きは加速し、2008年から英語リテラシーとニューメラシーの全国統一テストNAPLANが実施された。一方、アジア経済の低迷、政権交代により、LOTE教育重視の政策は終焉を迎えた。新たに作成された国家統一カリキュラムでは、LOTEはLanguagesという呼称に代わり、オーストラリア手話、先住民の言語をはじめ多様な言語が含められた。また、従来区別されていた言語学習の種類（第二言語学習、コミュニティ言語学習、先住民言語の維持・発展）も一つの科目に包含された。さらに、ESLはEnglish as an Additional Language or Dialect（EAL/D）という呼称に代わり、移民、先住民、手話使用者を含む多様な言語背景の生徒への支援が全ての教員の責任であることが強調された（ACARA, 2014）。一方、EAL/D生徒への予算がメインストリーム化され、EAL/D生徒への教育に使われない問題も残る（Creagh, et al., 2022）。

4. オーストラリアの事例から日本の言語教育政策への示唆

　オーストラリアの事例から、日本の言語教育政策に対して次の点が示唆される。第一に、言語教育政策には次の五領域が含まれ、それぞれに明確な支援が必要

である。①日本語を第一言語としない人への日本語教育、②移民、先住民、障がい者の第一言語の維持・発展、③全ての人への日本語以外の言語教育、④全ての人への日本語教育、⑤多言語サービスである。言語マイノリティの人々にとって①②⑤は保障されるべき権利であり、①から⑤は日本社会全体の充実・発展にとって重要であることを、言語教育政策を通して明示していくことが望まれる。

　第二に、言語教育政策は、国の社会的、経済的、政治的状況、世界の状況に影響を受け、ナショナル・アイデンティティ、移民政策と密接に関係する。言語教育の経済的利点のみを強調する経済合理主義では、経済効果によって言語教育の成果が測られ、経済状況が悪化すれば言語教育の意義が失われる。そこで、言語教育の実践者、研究者、言語学習者が協働して、経済的合理主義に代わる言語教育の理念と方法を提言し実践していく必要がある。その際、日本社会がどのような「共生社会」を目指すのかを、多様な市民と広く議論し、「移民」政策を策定していくことが、日本社会のこれからの課題である。

【引用・参考文献】
1）青木麻衣子（2008）『オーストラリアの言語教育政策―多文化主義における「多様性」と「統一性」の揺らぎと共存』東信堂
2）神吉宇一（2020）「国内における地域日本語教育の制度設計―日本語教育の推進に関する法律の成立を踏まえた課題」『異文化間教育』52、pp.1-17
3）川上郁雄（2012）『移民の子どもたちの言語教育―オーストラリアの英語学校で学ぶ子どもたち』オセアニア出版社
4）Australian Curriculum, Assessment and Reporting Authority. (2014). English as an additional language or dialect teacher resource: EAL/D overview and advice. https://www.acara.edu.au/
5）Creagh, S., Hogan, A., Lingard, B., & Choi, T. (2022). The 'everywhere and nowhere' English language policy in Queensland government schools: A license for commercialisation. *Journal of Education Policy*, 38(5), 829-848. https://doi.org/10.1080/02680939.2022.2037721
6）Dawkins, J. (1991). *Australia's language: The Australian language and literacy policy.* Australian Government Publishing Service.
7）Ingram, D. E. (2004)「多文化社会オーストラリアにおける言語文化政策」（幸野稔・佐々木雅子訳）『オセアニア教育研究』第10号記念号、pp.31-47
8）Lo Bianco, J. (1987). *National policy on languages.* Australian Government Publishing Service.

課題研究 I「『日本語教育推進法』(2019年施行) における言語学習支援の評価と課題—オーストラリア、フィンランド、日本の取り組みをふまえて—」

フィンランドにおける第2言語としてのフィンランド語教育—成人を対象とした取り組みを例として—

大谷 杏
(福知山公立大学)

〈キーワード：フィンランド／統合政策／S2／市民カレッジ〉

1. はじめに

　本研究発表の目的は、フィンランドにおける成人外国人に対するフィンランド語教育の取り組み事例から、2019年6月の「日本語教育の推進に関する法律」の施行後の在り方や可能性について検討することにある。2021年の統計によれば、フィンランド国内の人口は日本の約23分の1の約555万人であるが、その8.3%が外国語話者であり、多言語化が進んでいる。ここでは、同国の多言語状況、移民・難民や言語に関わる法律、第2言語としてのフィンランド教育の取り組みから、日本語教育政策の今後につながる示唆を得ていきたい。

2. フィンランドで話されている言語

　フィンランドは隣国スウェーデンとロシアの支配を経て、1917年に独立を果たした国である。とりわけ450年以上スウェーデンの支配下にあったことから、現在もフィンランド語に加えスウェーデン語が国語となっている。元々、全人口に対するスウェーデン語の話者はフィンランドの話者に対し少数ではあったが、2014年にそのスウェーデン語話者数と外国語話者数の割合との間に逆転現象が起こり[1]、その後も外国語話者の割合が増加し続け、先述した通り、2021年には国の人口の8.3%を占めるに至った。外国語話者数を言語別で見ると、ロシア語

話者が最も多く、その数は人口全体の1.6％（87,552人）である。続いて、海を隔てた隣国のエストニア語が0.9％（50,232人）、次いでアラビア語が0.7％（36,466人）、英語が0.5％（25,638人）、アフリカのソマリ語が0.4％（23,656人）が上位に挙がっている[2]。

3. 移民・難民の言語にかかわる法律

フィンランドには「言語法（423/2003）」という法律があるが、これは主に国内のスウェーデン語とフィンランド語使用に関する規定である。移民・難民関連の法律には、「移民の統合と難民の受け入れに関する法（493/1999）[3]」と「移民の統合促進に関する法（1386/2010）[4]」がある。言語学習に関する部分に注目すると、前者の第7条（3）「統合を促進し、支援するために、職業案内所や自治体はフィンランド語若しくはスウェーデン語の教育を提供しなければならない」とあり、第15条の（1）には協力義務として「統合計画の権利を有する移民は、計画の作成に協力し、計画で合意された措置およびサービスに参加する必要がある」との記述が、第16条（1）には「移民は、統合支援を受ける権利を保持するために、計画で合意された統合計画の進捗状況、変更の必要性、中断について報告するものとする」とある。すなわち、ホスト社会側が移民や難民に対して言語教育を提供する義務と共に、移民や難民の側にも参加への協力義務や報告義務が課せられている。また、「移民の統合促進に関する法」の第11条（1）には、「統合計画とは、移民が社会や労働生活に必要なフィンランド語やスウェーデン語、その他のスキルや知識を十分に習得できるよう支援し、平等な社会の一員として活躍する機会を促進することを目的とする（中略）計画である」と、統合計画の冒頭に言語支援が挙げられている。（2）には「フィンランド語またはスウェーデン語の学習に加え、統合計画には、移民の母語の教育、移民が社会に慣れるための学び、読み書きスキルの教育、基礎教育を補完する学び、統合を促進するための統合トレーニングとその他個人的な方策が含まれる」とあり、統合計画の言語学習はフィンランド語とスウェーデン語の学習に留まらず、母語支援や基礎教育の補完等も含めたより広範囲なものとなっている。

4. 第2言語としてのフィンランド語

　フィンランド国内では「第2言語としてのフィンランド語（Suomi Toisena Kielenä＝以下、S2）」の学習は他の言語と同様、CEFRのレベルに応じて行われる。S2科目を担当する教師の資格は、教える教育機関によって異なる。例えば、基礎教育、後期中等教育、成人教育では、修士号に加え、基礎・フィンランド語の教科科目、基礎・フィンランド文学・一般文学の教科科目、教師教育科目が必要とされる（全て60単位）。応用科学大学においてはその教育に適した修士号が、労働市場の統合トレーニングの場では、教育提供機関が独自に基準を設けている[5]。

　S2講座のうち、都市圏に関しては、公的な外国人向け生活情報サイトであり、12言語で情報を提供している「インフォフィンランド（Info Finland）」の「フィンランド語とスウェーデン語」から検索することができる[6]。ヘルシンキ周辺で検索をかける（2022年9月17日現在）と、全158講座のうち、市立の成人教育センターで最多の62講座が[7]、次いで民間のセンターで32講座、ヘルシンキ夏期大学で16講座、その他、NGO、個人教授、聴覚支援学校、職業学校などで開かれている。レベル別では、0からB1.1までの間に全体の92.4%（146講座）が集中しており、授業形態別では、対面が58%（91講座）、オンラインが42%（67講座）、開催曜日別（複数曜日開催を加えた延べ数）では、平日開催が全体の90%（346回中の312回）を占めている。また、これらの講座のうち、市民カレッジで提供されているものは「イルモネット（Ilmonet）」という市民カレッジ講座検索サイトでも検索可能である[8]。

5. S2講座の例

　インフォフィンランドの検索結果から、ヴァンター市成人教育センターで開催されているS2の3講座を紹介したい。1つ目は「母と子のオンラインコース」である。0-3歳の子どもを持つ主婦向けのZoomによる講座で、受講者は市内在住者に限られており、受講料は無料である。週1回1時間半、3週間開催される。2つ目は「K.O.T.O.N.A.若者向けの初歩グループ」で、出身国で基礎教育を終え、

アルファベットの読み書きができる18-29歳の若者を対象としている。期間は4か月で週25時間、計450時間の受講時間であるにもかかわらず、受講料は無料である。3つ目の「フィンランド語1集中オンライン講座」は、約1か月、69時間の講座で、1日3時間半、話す、書く、読む、の基礎を学ぶ。費用は114€である。3講座にはいずれも人数制限があり、基本は全てフィンランド語での直接法による指導であるが、3番目の講座では必要に応じて英語が用いられる。

6. おわりに

　先述した通り、フィンランドではフィンランド語やスウェーデン語を学ぶことが統合計画の一環として移民や難民に義務付けられている。また、S2の教員資格も基本的には修士卒である。講座の検索は外国人向けの生活情報サイトから直接アクセスできることもあり、対応言語によっては移民や難民が自力での検索も可能である。新型コロナウイルス対策のためか、オンライン講座が多く設置されていることや講座の内容にも様々なものがある。以上が日本語教育推進法を展開していく上で今後参考になるであろう、フィンランドのS2講座の特徴であった。

【引用・参考文献】
1 ）Tilastokeskus, *Population 31.12. by Region, Language, Age, Sex, Information and Year*, https://pxdata.stat.fi:443/PxWeb/api/v1/en/StatFin/vaerak/statfin_vaerak_pxt_11rl.px
2 ）Ibid., Väestö kielen mukaan 31.12., https://www.tilastokeskus.fi/tup/suoluk/suoluk_vaesto.html
3 ）Finlex, *Act on the Integration of Immigrants and Reception of Asylum Seekers*（*493/1999; amendments up to 324/2009 included*）, https://www.finlex.fi/en/laki/kaannokset/1999/en19990493_20090324.pdf
4 ）Ibid., *Act on the Promotion of Immigrant Integration*（*1386/2010*）, https://www.finlex.fi/en/laki/kaannokset/2010/en20101386.pdf
5 ）Suomenopettajat, Kelpoisuusvaatimukset, https://www.suomenopettajat.fi/opiskelu-suomen-opettajaksi/kelpoisuusvaatimukset/（2022年10月25日閲覧）
6 ）InfoFinland, Studying Finnish, https://www.infofinland.fi/finnish-and-swedish/studying-finnish（2022年9月17日閲覧）
7 ）市立の成人教育センターには、フィンランド語で授業を行うHelsingin työväenopistoとスウェーデン語で授業を行うHelsingfors arbisがある。
8 ）Ilmonet, https://ilmonet.fi/

課題研究 I
「『日本語教育推進法』(2019 年施行)における言語学習支援の評価と課題—オーストラリア、フィンランド、日本の取り組みをふまえて—」

大阪をフィールドにした取組みからの日本語教育推進法の批判的検討

今 井 貴代子
(大阪大学)

〈キーワード：大阪／在日外国人教育／母語・継承語／アイデンティティ保障〉

1. はじめに

　本稿は、外国人の子どもの教育、中でも大阪の現場レベルで取り組まれてきた教育保障の取組みと、昨今の新自由主義的教育政策の影響を検討し、日本語教育推進法やその運用のあり方への批判的視座を得ることを目的とする。

　表1は日本語教育推進法の中で子どもに関連した箇所を抜粋したものである。2020年、有識者会議の提言等を受け「日本語教育の推進に関する施策を総合的かつ効果的に推進するための基本的な方針」が閣議決定され、外国人等の子どもの就学促進、学校の受入れ体制の整備、進路指導、母語・母文化の重要性、日本人と外国人の子どもが共に学ぶ環境の創出などが盛り込まれた。これらに対しては、評価と同時に今後の運用をめぐり期待と懸念が発せられている。たとえば、学校での母語・継承語教育の取組みが少ない現状に対する懸念（山田 2021）、子どもが「（日本語）能力」によって序列化されることの危険性（清水 2021）、旧植民地出身者や先住民、非正規滞在者などが外された「ソフトな同化主義」への批判（榎井 2021）などである。

　公教育における「日本語教育推進」のゴールは「同化教育」なのか、それとも「母語（継承語）・母文化」を重視した「多文化教育」なのか。大阪の母語・母文化を重視した教育保障のあり方や教育実践を事例に取り上げ、示唆を得たい。

第一章　総則	
(目的) 第一条	多様な文化を尊重した活力ある共生社会の実現に資する
(定義) 第一条	「外国人等」は、日本語に通じない外国人及び日本の国籍を有する者
(理念) 第二条	7　幼児期及び学齢期にある外国人等の家庭における教育等において使用される言語の重要性に配慮
(連携の強化) 第七条	日本語教育を行う学校（学校教育法第一条に規定する学校、専修学校、各種学校）を含む
第三章　基本的施策　**第一節　国内における日本語教育の機会の拡充**	
(外国人等である幼児、児童、生徒等に対する日本語教育) **第十二条**	生活に必要な日本語及び教科等の充実その他の日本語教育の充実を図る/指導の充実を可能とする教員等の配置に係る制度の整備/教員等の養成及び研修の充実/就学の支援その他の必要な施策 2　日本語を習得することの重要性についてその保護者の理解と関心を深める/必要な啓発活動

表1　日本語教育推進法の子ども関連の抜粋

2. 大阪の在日外国人教育のフィールド：アイデンティティ保障

　大阪は植民地支配の結果日本に住むことになった在日コリアンの集住地域を多く含み、1970年代以降、各自治体で基本方針・指針策定のもと在日朝鮮人教育が熱心に取り組まれ、母語・母文化が重視されてきた。1990年代以降は、在日コリアンへの取組みの上に増加するニューカマーを含めた在日外国人教育が取り組まれている。たとえば、「大阪市多文化共生指針」（2020年策定）の「3. 外国につながる児童生徒への充実」では、「日本語・適応指導だけでなく母語や母文化の保障を図るための支援や施策を充実させることが極めて重要」としている。

　大阪府立高校が実施する「日本語指導が必要な帰国生徒・外国人生徒入学者選抜」は2001年から順次設置され、2022年現在8校に設置されている（以下、枠校とする）。「中国等から帰国した者又は外国籍を有する者で、原則として、小学校4年以上の学年に編入した者」を対象に、数学、英語の学力検査と作文（日本語以外の言語可）が課され、日本語力が極力問われない形となっている。母語で作文を書くことができるので、母語への評価や期待が決して低くない（むしろ高い）ことが学校関係者、生徒、保護者の間で共有されている。入学後は、日本語、母語、教科の抽出授業があり、母語はネイティブ教員と呼ばれる生徒の背景を理解しながら、言語支援だけでなくアイデンティティの確立を支援する人が配置されている。日本語力の向上・伸長はもちろんだが、母語による作文やスピーチ大

会への参加、母語等の語学検定の資格取得、外国につながる生徒同士のつながりも重視される。

枠校卒業生の多くが大学や専門学校等の高等教育機関へ進学し、国際系や外国語系などの学部学科を選択した者は母語・母文化を強みにとらえて活用している（山本・榎井 2023）。以上のことから、日本語と母語・母文化の位置づけやとらえ方を3点に整理したい。

第一にアイデンティティ保障である。公立の学校への包摂が国民教育や同化教育になることのないよう、また日本語教育が教科指導や適応指導にとどまることなく、一人ひとりのアイデンティティ保障として位置付けられている。

第二に母語の重要性の幅広い意味である。枠校では、外国につながる生徒は「日本語ができない生徒」として位置付けられるのではなく、「母語が日本語ではない生徒」として位置付けられ、日本語教育や母語教育を受けることになる。そこには、日本生まれで家庭言語や家庭文化的には日本語以外の言語・文化で育つ生徒なども含まれる。アイデンティティ、バイリンガル教育、保護者とのつながり、進路や選択肢といったさまざまな面から母語は重視されている。大阪で取り組まれてきた母語を重視した教育実践は、現在文科省の高等教育の日本語支援モデル事業の一つとして参照されている。

第三に外国につながる生徒の包摂である。枠校では、国籍やルーツ、在留資格、来日時期、出生地などによってさまざまである外国につながる生徒を把握し、枠校の外国ルーツの生徒として位置付けている。日本語や母語などの授業、居場所づくり、クラブ活動、課外活動などを通じて多様な生徒のコミュニティやネットワークを重視している。

3. 新自由主義による影響や攻撃、それらへの抵抗や再創造

2012年以降、府・市において、首長主導による教育改革を可能にする教育関連条例が制定され、学校選択制の導入、テストやアンケート結果による子ども、教員、学校の数値評価の強化、学校統廃合の断行など、競争原理に基づく改革が進められてきた。3年連続定員割れし改善の見込みのない府立高校を再編整備の対象とするなど、しんどい子どものセーフティネットであった学校に特に排除の

矛先が向いている。また、排外主義、歴史修正主義に基づく育鵬社社会科教科書の採択、朝鮮半島につながる子どもたちの民族学級への攻撃・ヘイトが起きている。しかしながら、行政、学校、NPO、市民によるネットワークのもと抵抗や再創造が繰り広げられてもいる。たとえば、再編整備対象となった高校が、増加する外国人の子どもの枠校8校目として開校されたり（大阪府立大阪わかば高校）、朝鮮半島にルーツをもつ子どもが約7割在籍していた小学校の跡地に、多文化共生のまちづくり拠点が生まれたり（いくのコーライブズパーク）、愛国心教育の教科書採択を市民団体（オール東大阪市民の会）が連携して阻止するなど、人権や公正を重視する多様なアクターがつながり、ネットワークを結び直している。

4. おわりに

　日本語教育推進法が目指す「共生社会」には、どのような子どもたちのどのような未来が描かれているのか。競争と分断、歴史の忘却への加担ではなく、それらに抵抗する足腰の強い日本語教育推進法としてつくり直される必要がある。

　まず、人権や公正に基づきアイデンティティ保障のための母語・継承語及び日本語として位置付けること。次に、日本語教育推進法の定義にある「日本語に通じない外国人及び日本国籍を有する者」は、「母語・継承語を日本語としない外国人及び日本国籍を有する者」として、多様な背景の子どもたちを分断せず包摂していくこと。そして、日本語教育推進法にある「教員等の養成及び研修の充実」についても、多文化教育や人権の観点から進められることである。これらを具現化していくための制度や環境の整備、実践を担う人材育成なども急務である。

【引用・参考文献】
1）榎井縁（2021）「同化主義を乗り越える地域日本語活動について」『部落解放研究』第215号，解放出版社，pp.107-129.
2）清水睦美（2021）「日本の教育格差と外国人の子どもたち―高校・大学進学率の観点から考える」『異文化間教育』第54号．pp.39-57.
3）山田泉（2021）「移住外国人に関する日本社会の教育格差―日本語教育・生涯学習の視点から」『異文化間教育』第54号，pp.58-77.
4）山本晃輔・榎井縁編（2023）『外国人生徒と共に歩む大阪の高校―学校文化の変容と卒業生のライフコース』明石書店．

課題研究Ⅱ
「教師教育における多様性の理念と実践―国際教育研究の視座から―」

〈司会者総括〉

服 部　美 奈
（名古屋大学）

〈キーワード：教師教育／多様性／イギリス／オーストラリア／台湾〉

はじめに

　本課題研究は、多様化する学習者への対応が求められる日本の教育制度や教師教育の課題を念頭に置きつつ、国際教育の観点から多様性と公正性に対応する教師の専門性やそれを支える教師教育システムの課題を捉え直すことを目的としたものである。当日は趣旨説明の後、多様性に対応した教師教育システムの整備という点で特徴的な3つの地域、すなわちイギリス、オーストラリア、台湾について報告がなされた。報告者と報告タイトルは以下の通りである。

　報告1　佐藤千津（国際基督教大学）「イギリスの教師教育における多様性―
　　　社会環境的アプローチによる教師エージェンシーの視点から―」
　報告2　前田耕司（早稲田大学）「アボリジナル主体のオーストラリアの教師
　　　教育―ポストコロニアルの視点から―」
　報告3　小川佳万（広島大学）「共生社会の実現に向けた教師教育の課題―台
　　　湾の取り組み―」

1. 各報告の概要

　報告1において佐藤氏は、イギリス・スコットランドを事例とし、社会環境的アプローチによる教師エージェンシーの概念を手がかりに、多様性の観点から教

師の資質・能力や教師教育の質保証を論じた。スコットランドは、教師を中心とする専門職団体が教員資格や教師教育の質的管理を自律的に行うシステムが存在すると同時に、教師の「質」を規定し、その質を維持・管理するためのシステムに多くのステークホルダーが関わっている点で特徴をもつとされる。そのシステムの中心にはGTCS（General Teaching Council for Scotland）という教師を中心とする専門職団体が位置づけられる。佐藤氏の報告で興味深いのは、スコットランドの教師教育改革の指針となったドナルドソン調査報告書において、教師の専門職性が「拡張された専門職性」として再定義され、コンテクストの拡大ともいうべき改革がなされてきたことを指摘している点である。

　佐藤氏によれば、2021年施行の教師のプロフェッショナル・スタンダードでは、「教師エージェンシー」の観点から教師の専門性及び専門職性が再定義されるとともに、それを支える環境的要因の必要性が指摘されている。多様性の理念と実践に関しては、「社会的公正」「信頼と尊敬」「誠実」といった価値が中核に据えられ、多様性を支える教育の実現が目指されている。これらを中心に佐藤氏は、スコットランドにおける多様性に対応する教師教育システムの可能性を論じた。

　次に、報告2において前田氏は、オーストラリアを事例とし、ポストコロニアリズムにおける社会的公正の観点から、先住民族アボリジナルの主体形成を意図した教師教育システムがいかに構築されているかを論じた。考察にあたっては、2007年国連総会で採択された「先住民族の権利に関する国際連合宣言」（UNDRIPs）の規定が、4つの側面すなわち、（1）「オーストラリア教師の専門性基準」、（2）大学の教員養成における授業指針、（3）教員養成に関わる大学の講義と演習、（4）現職研修を含む大学卒業後の学校における学習指導にいかに反映されているかを明らかにした。

　前田氏によれば第一に、上述の専門性基準に関しては、先住民族児童・生徒への対応で求められる専門性を具体的に示す指標が、教師の熟達レベルに応じて定められているという。第二に、大学の教員養成における授業指針、さらに教員養成に関わる大学の講義に関しては、モナシュ大学の事例を取り上げ、アボリジナルの子どもと向き合うときの教師の態度や教授法が具体的な指導方法として提供されていることを指摘した。第三に、大学卒業後の学校における教育実践に関しては、西オーストラリア州Coolbinia初等学校のTwo-Way Scienceの取り組みと、

教員免許講習の一環として行われる教員研修の取り組みを取り上げて論じた。

　最後に、報告３において小川氏は、台湾を事例とし、台湾内の主要な４つのエスニック・グループである「四大族群」（閩南人、客家人、原住民族、外省人）に加え、2000年代以降、「新住民」とよばれる新たなエスニック・グループが存在感を増すなかで、「新住民」と台湾人との間に生まれた「新台湾の子」の教育がクローズアップされる台湾における教育改革と教師教育システムを論じた。

　小川氏によれば、台湾では「多元文化」政策により、原住民族（先住民族）の権利を守る「原住民族基本法」や「原住民族教育法」等の法整備が1990年代から進められたが、さらに2000年以降は「新台湾の子」の教育への対応が進められている。このような「多元文化」状況のなかで教師には多文化素養の獲得が求められるようになった。「師資培育法」には多様性や「族群文化」の尊重を強化した教員養成の必要性が記され、大学の教職課程や現職教員研修では「多元文化教育」「新移民教育」「原住民教育」などのキータームを含む科目が開設されている。さらに2019年以降、「本土語文」および「新住民語文」が必修あるいは弾性課程（小学校）、選修課程（中学校・高校）として教えられるようになり、「本土語文」として認定された16の原住民族言語と「新住民語文」として認定された7つの言語を担当できる教員の養成が急務となっていることが論じられた。

2. 教師教育における多様性の理念と実践―国際教育研究の視座―

　当日は活発な議論が行われたが、各専門家による報告と当日の議論のエッセンスを次の２点すなわち、第一に多様性に対応する教師教育の「多様性」と「共通性」、第二に教師教育システムの課題にまとめ、最後に日本型学校教育モデル構築のための示唆について述べたい。

　第一の点に関して、３つの地域ではいずれも地域特有の教師教育システムが構築されている。たとえばスコットランドでは上述のGTCSが積極的に関わり、教員資格や教師教育の質的管理を自律的に行うシステムが存在し、ステークホルダーの多くが関わっている。教師教育においては社会環境に柔軟に適応する拡張された専門職性が強調されている。オーストラリアでは、先住民族アボリジナルの主体形成を意図した教師教育システムが、教師の専門性基準から学校での実践に

いたるまできめ細やかに実践されており、教師教育システムの一貫性と多様な地域性への配慮がなされている。このような多様な地域性への配慮は、台湾の言語教育において16の原住民族言語が「本土語文」、7つの言語が「新住民語文」として認定され、原住民族語、新住民語を教えられる教員の量的・質的拡充が進められていることからも読み取ることができる。一方、「多様性」と「共通性」のバランスをとるため、たとえばスコットランドでは「社会的公正」「信頼と尊敬」「誠実」といった共通の価値が中核に据えられ、オーストラリアではUNDRIPsの指針が準拠枠として参照されている。台湾で多様なルーツに根差したアイデンティティを尊重しつつ、同時に「台湾人」になることが目指されるのも共通性を維持する一つの手立てであろう。

　次に第二の点に関して、3つの地域ではいずれも教師教育に関する政策レベルの法規定や教師の専門性基準の策定があり、それが各州・各地域、さらには各学校での実践に至るまでの道筋を定めている。しかし実際には、理念として多様性を尊重しつつも、各地域・各学校レベルでその理念を理念通りに実践するための課題は残されている。台湾を例にとれば、小川氏が指摘するように、「本土語文」や「新住民語文」を担当できる教員の養成が急務となっているが、既存の外国語学部や原住民関連学部に教員養成コースを設けるにしても、東南アジア出身の新住民や原住民族を教育支援スタッフとして採用するにしても多くの課題がある。おそらくこの問題はどの地域にとっても共通の課題であろう。また、多様性の尊重の先には誰にとってどのような公正性が担保されるのかという議論も必要である。とはいえ、3つの地域がいずれも多様性への対応のなかで果敢に試行錯誤する姿勢は、日本にとって大いに示唆的である。

　最後に、現代の国際的な文脈に日本の教師教育を位置づけ直した場合、日本では多様性に対応するための教育システムの構築や教師教育の課題が指摘されながらも、それに対応するための教師教育の理念そのものが充分に検討されてきたとは言い難い。一方、教師の多忙化や教員を志望する学生の減少が指摘されるなかで、教師たちは多様化する子どもたちの対応に日々直面しており、個別には多くの成果を挙げていることも事実である。今後は学校での日々の試行錯誤を個別のものとせず、教師の専門性に関する議論を共有することにより、現実的な理念を構築していく仕組みが必要であるように思われた。

課題研究Ⅱ
「教師教育における多様性の理念と実践―国際教育研究の視座から―」
イギリスの教師教育における多様性
―教師エージェンシーの視点から―

佐藤 千津
（国際基督教大学）

〈キーワード：教師エージェンシー／教師教育／多様性／スコットランド〉

1. 本報告の目的と位置づけ

　本報告では教師エージェンシー（Teacher Agency）の概念を手がかりにしつつ、スコットランドの教師の専門性・専門職性や教師教育システムについて多様性の観点から検討する。他の報告者からはオーストラリアの先住民族や台湾の原住民族の権利保障に関する取り組みが報告される。類似したイギリスの事例にはスコットランドにおけるゲール語の維持継承施策があるが（佐藤、2014）、本報告では課題研究Ⅱのねらいの一つである共生社会実現のための担い手育成の在り方に焦点化して考えてみたい。イギリスでは四つの地域（イングランド、ウェールズ、スコットランド、北アイルランド）ごとに異なる教師教育制度が設けられている。本報告でスコットランドに注目するのは、（1）教師を中心とした専門職団体が教員資格や教師教育の質的管理を自律的に行うシステムが存在し、（2）教師の専門性を規定し、その質を維持・管理するシステムに教師教育担当者のみならず教育関係者の多くが携わり、教師教育における多様性の実現という点で先進性が認められるためである。

2. スコットランドの教師教育改革と教師の多様性

　近年のスコットランドでは、2011年のドナルドソン報告書を指針に教師教育

施策が展開されてきた（Donaldson, 2011）。2016年にドナルドソン報告書以後の教師教育改革を評価する「教師教育戦略会議（Strategic Board for Teacher Education）」が設置され、三つのワーキンググループの一つに「教師の多様性」グループが設けられるなど、教師教育においても多様性促進策が進められている。本報告では、そのなかでも教師の専門性の内実を規定するものとして「教師のプロフェッショナル・スタンダード（Professional Standards for Teachers）」（以下、「スタンダード」と言う）の改訂を取り上げ、その目的と意義について考察する。

　現行のスタンダードは2012年版を改訂し、2021年8月より施行されているが、今次改訂の要諦でもある「スコットランドの教師であること（Being a Teacher in Scotland）」という項目の新設に着目したい。スタンダードは「スコットランドの教師であること（Being a Teacher in Scotland）」「専門的知識と理解（Professional Knowledge and Understanding）」「専門的スキルと能力（Professional Skills and Abilities）」の3部から構成され、新設項目はスタンダードの中核に位置づけられている（GTCS, 2021）。その下位項目で説明されているように「社会的公正」「信頼と尊敬」「誠実」といった「価値（value）」を重視し、スタンダードに明示するために設けられた。この新設項目には「スコットランドの教師になること、教師であること、教師として成長すること（to become, be and grow as a teacher in Scotland）」（GTCS, n.d.）が含意され、スコットランドというコンテクストにおいて教師の専門的成長や専門職性が再定義されている。この改訂の特徴、つまり教師の専門性を「価値ベース（value-based）」で捉えつつ、専門職性を規定するコンテクストを規定し直すという方針の背景にある考え方が「教師エージェンシー」である。

3. 「教師エージェンシー」とGTCS

　OECDによるEducation 2030プロジェクトのなかで「エージェンシー（agency）」とは、自分の人生や環境にポジティブな影響を与え得る意志と能力に基づき、必要な目標を設定して改革・改善に向けた責任ある行動をとる能力と定義されている。そのうえで生徒のエージェンシーを高めるには教師エージェンシーが不可欠だと説明されている（OECD, 2019）。教師エージェンシーの考え方では、教師の

実践を支えるものとして教師の内面に形成される価値・信念や経験を重視するため、教師の専門性を「価値ベース」で捉える。また、教師個人が修得した専門的な知識やスキルは、それに基づいた実践が繰り出せる環境が整わなければ教師エージェンシーは十分に発現されないと考える（Priestley et al., 2015）。そのため、環境としてのコンテクストをいかに規定し、整えるかが課題になる。2011年のドナルドソン報告書では、教師の専門職性が広い文脈における「拡張された専門職性（extended professionalism）」（Donaldson, 2011, p.5）として再定義されていた。教師の勤務校のみならず、その学校を取り巻く地域から国家さらに国際社会までコンテクストを広げて専門職性を捉え直した。しかし広げすぎると専門職性の定義が困難になるというジレンマがある。そのため、2021年版のスタンダードではコンテクストを「スコットランド」として規定し、スコットランドにおける教師の専門職性を再定義したと考えられる（佐藤、2022）。

　また、教師エージェンシーを支える環境要因としてGTCS（General Teaching Council for Scotland）の存在と役割も重要である。GTCSは教師が自ら教職の質の管理を行う専門職団体として1965年に創設された（Matheson, 2015）。GTCSによる自律的な教師教育システムには教育コミュニティを形成する多くの関係者が参加するため、価値共有のプラットフォームとしても機能している。誰もがそれぞれに相応しい多様な形態で教師教育に携わり、そうした仕組みが多様性を支える教育の推進力になるものとして尊重されているのである。

　最後に、教師教育における多様性を国際教育研究の観点から検討する際の論点を示しておきたい。まず、教師の専門性・専門職性を価値ベースで考えるときに価値をいかに共有・創造するかといった問題は言うに及ばず、今日の国際社会においては、それが拠って立つコンテクストをいかに規定するかという難しい課題がある。次に、教職の労働市場の拡大と国際化という現実と、それに伴って生じる教師の需給バランスをめぐる問題がある。この問題はすでに各国の教師の定員管理や質的管理に直接影響を及ぼしている。最後に、近年はイングランドのiQTS（International Qualified Teacher Status）のように国家の枠組みを超越する教員資格やそのための教員養成プログラムが創設されている。こうした教員資格の国際化とその加速化は、教師の受給バランス問題とも関わり、今後も進むと考えられる。そうしたなかで教師の専門性や専門職性をいかに定義し、教師の質

を担保するかが課題である。

【引用・参考文献】

1）Donaldson, G.（2011）*Teaching Scotland's future: Report of a review of teacher education in Scotland*, The Scottish Government.

2）GTCS（2021）*The Standard for Provisional Registration: Mandatory Requirements for Registration with the General Teaching Council for Scotland, Formal Enactment 2 August 2021.* https://www.gtcs.org.uk/wp-content/uploads/2021/09/standard-for-provisional-registration.pdf

3）GTCS（n.d.）*Professional Standards for Teachers.* https://www.gtcs.org.uk/professional-standards/professional-standards-for-teachers/

4）Matheson, I.（2015）*Milestones and Minefields: The General Teaching Council for Scotland: the first fifty years*, GTCS.

5）OECD（2019）*OECD Future of Education and Skills 2030, Student Agency for 2030: Conceptual learning framework.* https://www.oecd.org/education/2030-project/teaching-and-learning/learning/student-agency/Student_Agency_for_2030_concept_note.pdf

6）Priestley, M., Biesta, G. J. J. & Robinson, S.（2015）*Teacher Agency: An Ecological Approach*, London: Bloomsbury.

7）佐藤千津（2014）「イギリスのゲール語の維持・継承と教育システムの再構築—スコットランドにおける政策論議を中心に—」日本国際教育学会『国際教育』第20号、pp.17 〜 30。

8）佐藤千津（2022）「ダイバーシティをめぐる教師教育の課題—教師エージェンシー概念による日英比較分析」日本学習社会学会『学習社会研究』第4号、pp.70 〜 85。

【附記】

本研究は、日本学術振興会科学研究費助成事業基盤研究（C）「教員養成における質保証システムの日本的特質と構造的課題に関する比較研究」（課題番号18K02289）の研究成果の一部である。

課題研究Ⅱ
「教師教育における多様性の理念と実践―国際教育研究の視座から―」

アボリジナル主体のオーストラリアの教師教育 ―ポストコロニアルの視点から―

前 田 耕 司
（早稲田大学）

〈キーワード：ポストコロニアル／アボリジナル／オーストラリア教師の専門性基準／教師教育〉

1. 本課題研究の目的および分析の枠組み

　先住民族の主体形成を意図した教師教育（教員養成、現職教育を含む）システムが、ポストコロニアルにおける社会的公正の観点からどのように構築されているか、オーストラリアの事例に基づいて考察する。ここでは、ポストコロニアルの比較研究の方法（Postcolonial comparative research methodolgy)を援用し、（準）国際法的枠組みとされる「先住民族の権利に関する国際連合宣言」（United Nations Declaration on the Right of Indigenous Peoples, 以下「先住民族の権利宣言」UNDRIPsと略記、2007年国連総会で採択）をポストコロニアルの起点法的な枠組みとして 、UNDRIPsで示された先住民族の価値体系が「オーストラリア教師の専門性基準」（Australian Professional Standards for Teachers、2010年策定）にどのように反映されているのかを検討する。

　UNDRIPsをどうして起点法的な枠組みにするのかについては以下の理由による。主権が確立していないアボリジナルにとって、UNDRIPsはポストコロニアル（脱植民地化）における公正目標達成ための指針として認識されている。とりわけ、UNDRIPsの第14条2項は、「先住民族としての個々人、とりわけ子どもは、国家による、差別のないあらゆる段階と形態の教育への権利を有する」（United Nations, 2007, p.7）とされ、オーストラリア先住民族教育の根幹を形成する重要

な準国際法とされる。本規範を下敷きに派生したオーストラリア先住民族教育に関する規定は少なくはないといえよう。

　連邦政府の政策文書「万人に公平な機会を―誰もが手の届くところに高等教育を」（A Fair Chance for All : Higher Education That's Within Everyone's Reach、1990）は、公正目標の達成の観点から先住民族を主体とする高等教育の機会拡大を意図したものであり、そうした流れの中で展開された「オーストラリア教師の専門性基準」は、UNDRIPs を受けて先住民族の教育学部への受け入れを促進するものとして期待される。

2. UNDRIPs と「オーストラリア教師の専門性基準」

　オーストラリアでは、UNDRIPs の文脈を受けて、非アボリジナル社会に統合されているアボリジナルの児童・生徒に向き合うための教師教育の仕組みがどのように構築されているのであろうか。

　UNDRIPs の第15条2項は、「国家は、関係する先住民族と連携および協力して、偏見と闘い、差別を除去し、先住民族および社会の他のすべての成員において寛容、理解および良好な関係が促進されるよう、効果的な措置をとる」（United Nations, 2007, p.7）として先住民族と非先住民族の民族間の相互理解を促進する学習機会の提供に関する規定と解釈され、また、その理念は「オーストラリア教師の専門性基準」の枠組みを規定する要因として位置づけられよう。

　オーストラリアでは、UNDRIP 承認後の2010年、教師の資質向上を目的とした「オーストラリア教師の専門性基準」が示された。「オーストラリア教師の専門性基準」では、先住民族児童・生徒への対応として、教師の熟達レベルに応じて、教師が身につけるための専門性を示す具体的な到達目標が提示されている。敷衍すれば、専門性基準（Standard）1では「アボリジナルおよびトレス海峡諸島系民族の生徒を教えるための方法＜Strategies for teaching Aboriginal and Torres Strait Islander students ＞」（重点分野 <Focus areas>1.4）という項目があり、専門性基準2では、「先住民族と非先住民族のオーストラリア人との和解を促進するために、アボリジナルおよびトレス海峡諸島系民族を理解し、リスペクトする＜Understand and respect Aboriginal and Torres Strait Islander people to

promote reconciliation between Indigenous and non-Indigenous Australians＞」
（重点分野2.4）といった規定が設定されている。教師の達成レベルに応じて、必要とされる教師の態度や教授方法などの専門性を具体的に示した指標が個々に定められている。例えば、モナシュ大学の教員養成プログラム（講義）では、そうした枠組みをふまえて学期の前半で「重点分野1.4」に、また学期の後半で「重点分野2.4」にどのように取り組むかが示され、具体的な指導方法において効果的かつ共感的な手引きとアドバイスを学生に提供する斬新なアプローチの仕方が提示されている。そしてこうしたプログラムの文脈の中で行われるチュートリアルの授業では、アボリジナルの人々に対してどのようにリスペクトをもって接するか、また、西洋的な価値を内面化している子どもがいる教室環境をアボリジナルの児童・生徒を受け入れる文化的に安全な教室環境につくり変えるにはどうするかなど、より具体的にアボリジナルの子どもと向き合うときの教師の態度や教授法が示されている（前田, 2022, pp. 102-103）。モナシュ大学では、UNDRIPsと「オーストラリア教師の専門性基準」に基づくポストコロニアルの視点から組織する先住民族主体の教員養成計画が策定され、実施されているのである。

　本報告ではこうした教員養成の次のステージとして、学校ではこうした「オーストラリア教師の専門性基準」をふまえた教育実践がどのように展開されているか、西オーストラリア州のCoolbinia初等学校のTwo-Way Scienceの取り組みについて考察した。続いて、5年ごとに20時間義務づけられる州教育省が行う教員免許講習の一環として、「アボリジナルおよびトレス海峡諸島系民族の生徒の参加を公正で持続的に支援する教育プログラムを開発し、コミュニティの代表者や親/保護者との協働関係の構築に取り組む」（Australian Institute for Teaching and School Leadership, 2011, p. 10）ことを目的とする「指導者レベル」の教員研修に州教育省がどのようにコミットしているか、西オーストラリア教育省が主催するTwo-Way Learningのワークショップを通して検討を行った。以上のように、大学と学校、州の教育省は「オーストラリア教師の専門性基準」を枠組みに連携し、教師のキャリアステージをふまえてポストコロニアルな視点に基づく教員養成・研修計画の策定・実施に取り組んでいるのである。

結びに代えて

　以下で、アボリジナルを教師教育（教員養成＋現職研修）の主体に位置づける仕組みを構築するためのポストコロニアルの視点を３つ提示して稿を閉じよう。

　１つに、UNDRIPsの理念・枠組みを反映した「オーストラリア教師の専門性基準」に基づいて、教師としてアボリジナルの児童・生徒と向き合うための態度や教授方法を習得する。具体的には、①アボリジナルの人々に対してリスペクト（敬意）をもって接すること、②アボリジナルの児童・生徒にとってどのような教材が適切かを精査すること、③アボリジナルの児童・生徒を受け入れるための文化的にインクルーシブな教室環境を整備することである。

　２つに、教師教育を通してアボリジナルと非アボリジナルの和解を促進するパートナーシップを構築するための双方向の学習機会を提供する。言葉をかえれば、アボリジナルと非アボリジナルの両者が問題を共有し、共に解決するという対等な関係性の構築をめざすということである。

　３つに、教師教育に関する教材等の開発・作成における共同研究・共同編集においてアボリジナルが研究の主体として参加する仕組みを構築する。

【引用・参考文献】
１）前田耕司「ポストコロニアルの視点から組織するオーストラリアの先住民族主体の教師教育」日本学習社会学会編『学習社会研究』4, 学事出版, pp.86-105.
２）Australian Institute for Teaching and School Leadership（2011）*Australian Professional Standards for Teachers*, AITSL, Melbourne, pp.1-27.（https://www.aitsl.edu.au/docs/default-source/national-policy-framework/australian-professional-standards-for-teachers.pdf, 2021年7月28日閲覧）
３）United Nations,（2007）General Assembly, 61/295, *United Nations Declaration on the Right of Indigenous Peoples*, 2 Oct., 2007, pp.1-15.
（http://www.unhcr.org/ refworld/docid//471355a82.html, 2010年1月12日閲覧）

【附記】
本研究は、日本学術振興会2021年-2024年度科学研究費助成事業基盤研究（C）（一般）の交付を受けて実施した「ポストコロニアルの視点から組織する豪州の先住民族主体の教師教育」（課題番号21K02224）（研究代表者：前田耕司）に関する研究成果の一部である。

課題研究Ⅱ
「教師教育における多様性の理念と実践―国際教育研究の視座から―」
共生社会の実現に向けた教師教育の課題
―台湾の取り組み―

小川　佳万
（広島大学）

〈キーワード：多元文化社会／新住民／原住民／本土語文教育／教育支援員〉

1. 多元文化社会と教員

　近年の台湾社会の大きな変化の一つは、2000年代以降の「新住民」の急増である。「新住民」とは主に中国大陸や東南アジアから婚姻や労働のために移住してきた人々を指す。学校教育との関係で言えば、台湾人と「新住民」との間に生まれた子ども（通称「台湾の子」）の急増が挙げられ、こうした子どもたちを対象とする教育の在り方が焦眉の急となっている（郭、2007：教育部、2021a）。一方、こうした「新住民」に対して、元々台湾で暮らしていた人々という意味の「原住民（族）」（人口比2.5％）も存在し、当然のことながら彼らへの教育も大きな課題である。1990年代以降、世界的な先住民族の文化保護の潮流を受けて、台湾社会でも「原住民族基本法」や「原住民族教育法」等が整備され、多元文化社会の構築が目指されてきた（教育部・原住民族委員会、2020）。

　こうした状況を背景に学校教育にはこれまで以上に大きな期待が寄せられてきているが、その際特に議論の中心として俎上に上がったのが教員の質保証であった（教育部、2012）。教員養成に関しては、多元文化に理解のある教師の養成という目標（「師資培育法」第4条）のもと、教職科目において「多元文化教育」という科目が設けられた。これは必修科目ではなく選択科目ではあるものの、同科目が教員養成課程に導入されたことは改革の一つの象徴と言えよう（陳、2019）。

一方、教員研修では、さらに大きな改革がなされ、研修に多元文化に関する内容が含まれる。現在台湾の教員は年間54時間以上の研修が法律で義務付けられ、例えば2020年度には12のテーマ（領域）から興味関心や必要に応じて選択履修していくことになる。このような制度のもとで近年「多元文化教育」、「新住民教育」「原住民教育」の領域が登場し、そこに含まれる講義科目も増加してきていることが注目に値する（教育部師資培育及芸術教育司、2022）。

2. 本土語文教育

　多元文化社会と学校教育の関係で特に注目すべき点は言語教育であろう。言語はアイデンティティ形成と強く関係するため、台湾ナショナリズムが盛り上がりをみせた2000年に「本土語文」が必修化された。これは、「国語（北京語）」ではない言語を指し、多くの人は「閩南語」や「客家語」をイメージするだろう。それは、台湾アイデンティティの一つの源という意味で重要な科目である。そしてそれらとともに、多元文化社会の観点から原住民族諸語も認められたことは注目に値する。さらに近年の「新住民」の増加を受け、2019年からはベトナム語やインドネシア語等の東南アジア諸国の7言語がそこに含められることになった（ただし正確な科目名は「新住民語文」）。この「本土語文」は、小学校では週1時間、中学校でも（中学2年生までは）週1時間であり、時間数で言えば「国語」や「英語」よりもかなり少ないものの（教育部、2021b）、これらの科目の導入の意義は決して小さいものではない。

　ただし、この新設科目には課題も残されている。学校教育において「新住民」あるいは「原住民」のアイデンティティや文化を保護するためには、多数の言語を学校側が提供する必要がある。例えば、現在台湾では16の民族が原住民族として認定されているが、アイデンティティの強化という観点からすると、現実的には16言語では収まらない。実際、学校側が児童の保護者に対して実施している質問紙には「本土語文としてどの言語を学習したいか？」という項目があるが、そこでの選択肢は約50用意されていた（中時、2022）。つまり、同じ民族と認定されている集団でも地域によって言語が異なるため、いわゆる方言レベルのものを選択肢として多数並べていたのである。当然のことながら一学校でこれらすべ

てへの対応は現実には不可能であろう。

　この点を教員側からみれば、「原住民」語や「新住民」語を教えられる教員が不足しているという問題も生じている。例えば、2020年には原住民族語課程を教える教員の82%が複数校で教えている。また掛け持ち校数をみると1人平均9.04校である（原住民族委員会、2021）。教育面から多元文化社会の構築を目指す台湾としてはこの教員不足問題をどう解消していくかは非常に重要である。

　さらに、「原住民」語を担当する教員の当該言語の習熟度を示した資料によれば（原住民族委員会、2021）、専任教員（正規採用の教員）として原住民族語を教えている教員の中で「非常によくできる」「まあまあできる」という人の割合は40%を切っており、逆に「少しだけできる」「完全にできない」と回答した人が60%を超えているという驚くべき事実が明らかになる。これらの数字は多元文化社会の構築という観点から非常に厳しい現状を示しており、ここに原住民族言語に通じた非正規の教員を雇用する必要性が出てくるのである。

　一方、生徒側に目を転じてみると原住民族語の担当教員の努力だけでは解決できない環境問題もいくつか存在していることがわかる（原住民族委員会、2021）。第一に、生徒の多くはコミュニティ・家庭内に母語に触れる環境が無いことである。第二に、生徒たちが学習の成果を活かす場面が少ないという問題がある。これらは学習動機とも関係する（譚、2010）。

3. 教学支援員制度

　上述した原住民語や新住民語担当教員の不足を補う目的で、近年登場したのが教学支援員制度である。この教学支援員は、「資格班」、「進階班」、「リカレント教育班」の三段階に分かれ、それぞれ36時間、36時間、8時間研修を受けることによって、大卒でなくとも、あるいは教員免許を持たずとも学校で教えることができることになる（教育部国民及学前教育署、2022）。1つめの「資格班」とは、20歳以上で新住民言語に精通し、いずれかの条件を満たす人（1．東南アジア諸語の教育に関心のある新住民とその子ども達、2．外国人留学生及びその他の華人学生で職業安定法の要件を満たす者、3．東南アジア諸語の教育に関心のある東南アジア語学科の大学生、4．教員免許状（小学校以上）、国内外の新住民

語学証明書を所持、またはその他の認定基準を満たしていること）が対象となる。ここから明らかなとおり条件は緩く、逆に言えば担い手が特に不足していることを示している。2つめの「進階班」は、「資格班」の修了者が、さらに36時間研修を受けることよって得られる段階である。3つめの「リカレント教育班」は、正規の教員免許を取得している者か「進階班」の者が、さらに8時間研修を受けることによって到達できるレベルである。これらは暫定的な制度であるが、今後、どのように教員免許制度と結び付けていくかが次の課題となろう。

【引用・参考文献】
1）郭添財（2007）「新台湾之子教学変革新思維」『教育学術彙刊』第1期、15-32頁。
2）教育部（2012）『中華民国師資培育白皮書』、教育部。
3）教育部・原住民族委員会（2020）『原住民族教育發展計畫（110年至114年)』、教育部・原住民族委員会。
4）教育部（2021a）「109学年度各級学校新住民子女就学概況 110.11.30」
https://depart.moe.edu.tw/ED4500/News_Content.aspx?n=48EBDB3B9D51F2B8&sms=F78B10654B1FDBB5&s=4C810A112728CC60（最終閲覧日2023年4月25日）
5）教育部（2021b）『十二年國民基本教育課程綱要 総綱』、教育部。
6）教育部国民及学前教育署（2022）「推動及補助新住民語文教学支援人員培訓」https://www.k12ea.gov.tw/Tw/Station/AffairDetail?filter=63F293A9-0155-41A3-97B7-46E43E4685FE&id=d12e357d-6ca7-4089-997b-ea9186eca3b4（最終閲覧日2023年4月25日）
7）教育部師資培育及芸術教育司（2022）「108-111学年度教師在職進修専長増能学分班一覽表」https://depart.moe.edu.tw/ED2600/Content_List.aspx?n=9570F1A389CEFA2E（最終閲覧日2023年4月25日）
8）原住民族委員会（2021）『109学年度原住民族教育調査統計』、原住民族委員会。
9）譚光鼎（2010）「原住民学校與社区関係之探究—以臺湾三所原住民完全中学為例」『社区研究学刊』、1号、1-32頁。
10）中時（2022）「中小学必修本土語高達49種 家長怒批：找得到老師来教嗎？」https://www.chinatimes.com/amp/realtimenews/20220402002527-260405（最終閲覧日2023年4月25日）
11）陳怡靖（2019）「師資生多元文化教保活動設計概況 與多元文化素養之研究」『台灣教育評論月刊』、8（4）、166-194頁。

日本国際教育学会規程集

日本国際教育学会規則

1990 年　8 月　8 日発効
2002 年 11 月 15 日改正
2008 年 11 月 15 日改正
2009 年　9 月 12 日改正
2010 年　9 月 11 日改正
2011 年　9 月 10 日改正
2013 年　9 月 28 日改正
2014 年　9 月 13 日改正
2015 年　9 月 12 日改正
2016 年　9 月 10 日改正
2017 年　9 月　2 日改正
2018 年　9 月 29 日改正
2020 年 10 月 21 日改正
2022 年 10 月 29 日改正

第 1 条　名称

本会は、日本国際教育学会（JAPAN INTERNATIONAL EDUCATION SOCIETY、略称 JIES）と称する。

第 2 条　目的

本会は、国際教育に関する学術研究を行なうことを目的とする。

第 3 条　会員の資格及び構成

本会の目的に賛同する者は何人も会員になることができる。本会は、次に示す会員を以って構成する。

1）正会員（学生会員を含む）

理事会の審査により、研究経歴、研究業績及び所属機関団体がその要件を満たしていると認められた者。正会員中、学生会員とは、大学院生、大学院研究生等であり、理事会の審査で認められた者をいう。ただし、特定国の行政或いは特定機関団体の営利活動など、学術研究の制約される職務に携わる場合は、本人がその旨を申告し、その間、その地位を賛助会員に移すものとする。

2）賛助会員

本会の存在とその研究活動の意義を認め、それへの参加ないし賛助を希望する者、ただし、本人の申告により、理事会の審査を経て、その地位を正会員に移すことができる。

第 4 条　会員の権利義務

1）議決権及び役員選挙権

本会の運営に関する議決権、役員の選挙権及び被選挙権の行使は、正会員に限るものとする。

2）研究活動に参加する権利

正会員及び賛助会員は、研究会における研究発表、研究紀要への投稿、共同研究等、本会の主催する研究活動に参加することできる。

3）会費納入の義務

会員は、所定の会費を納入する義務を負う。会員の地位及び国籍による会費の額は、総会において決定する。会費を滞納し、本会の督促を受け、それより1年以内に納入しなかった会員は、会員の資格を

喪失する。ただし、名誉理事はこの限りでない。会員は、住所等移動の際は速やかに届出るものとし、通知等は届出先に送付すれば到達したものとする。会費滞納者は、本総会議決権を行使することができない。

4）研究倫理の遵守義務

会員は、相互に思想信条の自由を尊重し、本会を特定国の行政或いは特定機関団体の営利活動のために利用してはならない。

5）学会活動における公用語

総会、理事会、その他各種委員会の審議及び正式文書の公用語は日本語とする。ただし、研究会における研究発表、研究紀要への投稿は、この限りでない。

第 5 条　総会

1）本会の研究活動の企画立案及び実施に関わる最高決議機関は、総会である。

2）総会は正会員の過半数の出席を以て成立し、その決議は出席者の過半数の賛成を以て効力を得る。ただし、総会に出席できなかった正会員の委任状を、出席者数に加算することができる。

3）総会が成立しない場合は仮決議とし、総会終了後1ヵ月以内に異議が出されない場合は本決議とみなす。

4）理事会は総会に議案を提出することができる。

5）正会員は、全正会員の十分の一の連名を以て、総会に議案を直接提出することができる。この場合は、総会開催日の1ヵ月以前に同議案を学会事務局宛に提出するものとする。

6）賛助会員は、総会を傍聴し参考意見を述べることができる。

第 6 条　役員及び役員会

総会決議の執行に当たるために、本会に次の役員及び役員会を置く。

1）会長（1名）

会長は理事会において常任理事の中から互選され、任期は2年とする。会長は、年次総会及び臨時総会を開催し、その総会決議の執行に当たる。

2）副会長（1名）

副会長は理事会において常任理事の中から互選され、任期は2年とする。副会長は、会長を補佐し、会長が特段の事情によりその職務を遂行できない場合は、それを代行する。

3）常任理事

常任理事は正会員で会費納入者の中から正会員の投票によって選挙され、任期は2年とする。会長及び副会長を含む常任理事は、理事会を構成し、総会決議の執行に当たる。理事会は常任理事の過半数の出席を以て成立し、その決議は出席者の過半数の賛成を以て効力を得る。

4）特任理事

学会運営に係る特別な任務や学会活動の発展のため、必要に応じて特任理事を置くことができる。特任理事は会長が必要に応じて指名し、理事会が承認する。特任理事は理事会を構成し、総会決議の執行に当たる。任期は2年とする。

5）顧問

本会は顧問を置くことができる。顧問は会長が委嘱し、任期は会長の在任期間とする。

6）名誉理事

本会は必要に応じて名誉理事を置くことができる。名誉理事は理事会が委嘱し、任期は2年とする。名誉理事は、理事会に対し議案を直接提出することができる。その委嘱は会員の地位にはかかわりないものとする。ただし、再任を妨げない。

7）紀要編集委員会（委員長1名、副委員長1名、委員7名、幹事1名）

編集委員長は常任理事の中から、また、委員及び幹事は専門領域を考慮して正会員の中から、それぞれ理事会の議を経て、会長が委嘱する。副委員長は編集委員の中から互選する。委員は、紀要編集委員会を構成し、論文の募集、審査、紀要の編集、発行に当たる。紀要編集規程は、これを別に定める。

8）学会事務局（事務局長1名、事務局次長、事務局幹事若干名）

事務局長は理事の中から理事会の議を経て任命する。また事務局次長及び事務局幹事は会長によって正会員の中から任命される。いずれも任期は会長の在任期間とする。事務局次長及び事務局幹事は、理事会に臨席することができる。会長及び副会長は、事務局長、事務局次長、事務局幹事及び紀要編集幹事と共に学会事務局を構成し、本会運営のための実務遂行に当たる。学会事務局の設置場所は、会長がこれを定める。

9）会計監査（2名）

会計監査は総会において選任し、任期は2年とする。会計監査は、本会の予算執行の適正如何を検査し、その結果を総会に報告する。

10）選挙管理委員会（委員長1名、委員4名）

選挙管理委員会委員長及び委員は総会において正会員及び賛助会員から互選し、常任理事の任期満了に伴う選挙の公示、投票、集計、証拠書類の管理、新常任理事の指名に当たる。任期は当該選挙事務の完了までとする。選挙規程は、これを別に定める。

11）役員の兼務の禁止

総会決議の執行に当たる役員は、特定の定めのある場合を除き、二つ以上の役員を兼務してはならない。

第 7 条　研究委員及び研究協力者の任命

理事会は、共同研究の実施に当たり、その研究課題に応じて、正会員の中から研究委員を委嘱することができる。研究委員は研究委員会を構成し、その合意に基づいて研究協力者を委嘱することができる。

第 8 条　役員の罷免及び会員資格の停止

1）総会決議の執行に当たる役員であって本会の研究倫理の遵守義務に違反した者は、任期途中であっても、本総会において、全正会員の三分の二以上の議決を以て、これを罷免することができる。

2）本会の研究倫理の遵守義務に違反した会員は、総会に出席した正会員の三分の二以上の賛成を以て、その会員資格を停止することができる。ただし、当該会員には、その議決に先だって、自己弁護の

機会を与えるものとする。

第 9 条　学会賞

1）本会は、会員の研究活動の成果を顕彰し、また研究活動を奨励するために学会賞を設ける。

2）学会賞の選考に関する規則は別に定めるものとする。

第１０条　会期

本会の会期は8月1日から7月31日とする。本会の会計年度もまた同様とする。

第１１条　本規則の改正

本規則の改正は、総会に出席した正会員の三分の二以上の賛成を以て発議され、全正会員の三分の二以上の賛成を以て実施することができる。

第１２条　細則

本会を運営するに必要な細則は理事会が定め、総会に報告する。

第１３条　学会所在地及び取扱い金融機関

1）学会所在地

日本国際教育学会の第33-34期（2022-23年度）の学会所在地は、〒112-8610　東京都文京区大塚2-1-1　お茶の水女子大学グローバル協力センター　平山雄大研究室気付とする。

2）金融機関

第33-34期中の学会名義の郵便局振替口座（口座名義：日本国際教育学会、口座番号：00130-7-124562）の代表者は、平山雄大とし、同口座の登録住所は、前項の学会所在地とする。

第１４条　設立年月日

本学会の設立年月日は1990年8月8日とする。

第１５条　本規則の発効

本規則は、旧国際教育研究会規則の改正に基づき、1990年8月8日を以て発効する。

附則１　本改正案は2002年11月15日開催の総会終了後より施行する。

附則２　本改正案は2008年11月15日開催の総会終了後より施行する。

附則 3	本改正案は2009年9月12日開催の総会終了後より施行する。
附則 4	本改正案は2010年9月11日開催の総会終了後より施行する。
附則 5	本改正案は2011年9月10日開催の総会終了後より施行する。
附則 6	本改正案は2013年9月28日開催の総会終了後より施行する。
附則 7	本改正案は2014年9月13日開催の総会終了後より施行する。
附則 8	本改正案は2015年9月12日開催の総会終了後より施行する。
附則 9	本改正案は2016年9月10日開催の総会終了後より施行する。
附則 10	本改正案は2017年9月2日開催の総会終了後より施行する。
附則 11	本改正案は2018年9月29日開催の総会終了後より施行する。
附則 12	本改正案は2020年10月21日開催の総会終了後より施行する。
附則 13	本改正案は2022年10月29日開催の総会終了後より施行する。

日本国際教育学会役員選挙規程

1990年　8月　8日発効
2002年11月15日改正
2008年11月15日改正
2010年　9月11日改正

第 1 条　目的

本規程は、日本国際教育学会規則（以下、本則という）第6条第10項の規定に基づき、総会決議の執行に当たる役員の選挙を円滑かつ公正に行なうことを目的として制定する。

第 2 条　選挙人及び被選挙人

役員の任期満了4ヵ月以前に入会を認められ、かつ当該会期から起算して3会期以内に会費の納入が確認された全正会員は、選挙人及び被選挙人となることができる。なお、被選挙人の確定後投票締め切り日までに入会を認められ、かつ会費を納入した正会員、あるいは滞納分の会費を納入した会員は、選挙権のみ認められるものとする。

この場合においては、選挙管理委員会の承認を得ることとする。

第 3 条　名簿の作成

選挙管理委員会は、第2条（選挙人及び被選挙人）に基づき、次期役員の選挙にかかわる選挙人及び被選挙人を確定し、その名簿を作成する。

第 4 条　選挙の公示

選挙管理委員会は、役員の任期満了3ヵ月以前に、被選挙人名簿及び選挙管理委員会印を捺した投票用紙を全選挙人に同時に発送し、投票を求める。この発送日を以て選挙公示日とする。

第 5 条　投票用紙への記載

投票用紙への記載は、日本国際教育学会役員選挙規程細則にもとづき、首都圏ブロック、地方ブロック（首都圏ブロック以外）ともにその理事定数以内の連記とする。

第 6 条　投票の形式

投票は、郵送による秘密投票とする。

第 7 条　投票数の確定

投票期間は、選挙公示日から起算して30日以上60日以内の範囲で選挙管理委員会の定めた日までとし、同日までに到着した分を以て締め切り、投票数を確定する。

第 8 条　開票及び集計

選挙管理委員会は、投票数の確定後、速やかに開票し集計を行なう。投票用紙の判読及び有効票の確定は、専ら選挙管理委員の多数決による。

第 9 条　開票作業の公開

開票作業は公開とし、会員は開票作業に立ち会うことができる。ただし、選挙管理委員会は、立ち会い人の数を開票作業の妨げにならない範囲に制限することができる。

第１０条　新役員の指名

選挙管理委員会は、その集計終了後、速やかにその結果を口頭及び文書で理事会に報告しかつ当選者を新役員に指名する。ただし、選

挙管理委員長の署名捺印した文書による報告及び指名を正式のものとする。

なお、新役員の当選者が学生会員である場合、当該当選者を正会員とすることをもって、特任理事となることができる。この場合、理事会による承認を得るものとし、本則第6条第4項にある特任理事の人数には加えないこととする。

第11条　証拠書類の管理

当該選挙に関わる証拠書類は、選挙管理委員の全員がその内容を確認し、その目録に署名捺印した上、密封して保存する。ただし、その保存責任者は選挙管理委員長とし、保存期間は新役員の任期満了までとする。

第12条　欠員の補充

選挙管理委員会は、役員に欠員の生じた場合は、次点の者を繰り上げて役員に指名する。得票数の同じ次点が複数存在する場合は、抽選により当選者を決定する。ただし、その任期は、先任者の残りの任期とする。

第13条　本規定の改正

本規定の改正は、本則第11条に定める改正手続きに準じるものとする。

第14条　本規定の発効

本規定は、1990年8月8日を以て発効する。

附則1　本改正案は2002年11月15日開催の総会終了後より施行する。

附則2　本改正案は2008年11月15日開催の総会終了後より施行する。

附則3　本改正案は2010年9月11日開催の総会終了後より施行する。

日本国際教育学会役員選挙規程細則

2010年　9月11日発効

2015年　9月12日改正

第 1 条　正会員の所属ブロック

　　　　1）日本国際教育学会役員選挙規程に定める役員選挙に関わる正会員の所属ブロックは次のとおりとする。

　　　　1. 首都圏ブロック　東京、神奈川、千葉、埼玉

　　　　2. 地方ブロック　首都圏ブロック以外

　　　　2）正会員の所属ブロックは本務勤務地（学生の場合は在籍大学の所在地）とする。勤務先のない正会員の所属ブロックは住所地とする。

第 2 条　理事選出

　　　　日本国際教育学会規則第6条3）に定める理事は、首都圏ブロックと地方ブロックに区分して選出する。

第 3 条　理事定数

　　　　日本国際教育学会規則第6条3）に定める理事定数は、原則として、役員選挙実施年度の3月31日現在の会員数にもとづき、首都圏ブロックおよび地方ブロックの会員数10名につき理事1名の割合で按分し、理事会にて審議決定の上、選挙時に公示するものとする。

第 4 条　投票

　　　　役員選挙は、正会員（学生正会員を含む）が首都圏ブロックに所属する被選挙人のうちから当該ブロックの理事定数分の人数を、地方ブロックに所属する被選挙人のうちから当該ブロックの理事定数分の人数を投票するものとする。

日本国際教育学会慶弔規程

2011年 9月10日発効

第 1 条　顧問、会長、副会長（以上、経験者を含む。）、名誉理事および会員に顕著な慶事があった場合には、学会として、慶意を表す。顕著な慶事および慶意の内容については、理事会において審議し決定する。

第 2 条　学会活動に多大な貢献を行い、継続して学会の発展に寄与したと認められる顧問、会長、副会長（以上、経験者を含む。）、名誉理事および会員が死亡した場合には、学会として、次のような方法により、弔意を表す。弔意を表す対象者およびいずれの方法によるかについては、遺族の意向を尊重しつつ、理事会の助言に基づき、会長等が決定する。

1）弔電

2）香典（1万円以内）

3）献花

4）弔辞

5）ニューズレターにおける追悼記事

6）ニューズレターまたは紀要における追悼特集

附則　本改正案は2011年9月10日開催の総会終了後より施行する。

学会賞・奨励賞の選考に関する規則

2012年　9月29日発効

2016年　9月10日改正

第 1 条　学会賞の名称

学会賞の名称を「日本国際教育学会学会賞・日本国際教育学会奨励賞」（以下、賞）とする。

第 2 条　賞の対象

1）学会賞は、本会の会員が発表した国際教育学の顕著な研究業績で、会員から自薦・他薦のあった論文と著作を対象とする。

2）奨励賞は、1）に準じ、かつ国際教育学の発展に寄与することが期待される萌芽的な研究業績で、会員から自薦・他薦のあった論文と著作を対象とする。

3）会員が自薦・他薦できる研究業績は、会員1人当たり合わせて1点とする。

4）自薦・他薦の対象となる研究業績は、日本国際教育学会紀要『国際教育』に掲載された論文及び国内外において刊行された日本国際教育学会員の研究著書とする。

第 3 条　賞の選考

1）賞の選考は、日本国際教育学会学会賞選考委員会（以下、選考委員会）が行い、選考結果を会長に報告する。

2）賞の選考は、2年間を単位とし、この間に発表されたものとする。

3）自薦・他薦の方法及び選考方法については選考委員会が別に定める。

第 4 条　選考委員会

1）選考委員会は委員長、委員4名（副委員長を含む）の5人から構成する。ただし、対象論文と著作の内容によっては、選考委員（査読委員）を追加することができる。

2）委員長は常任理事の中から、また、委員及び幹事は正会員の中から会長が指名し、それぞれ理事会の議を経て委嘱する。副委員長は選考委員の中から互選する。委員のうち1人は紀要編集委員の中から選任する。

3）選考委員会の委員の任期はいずれも2学会年度とする。

第 5 条　受賞点数

論文と著作の受賞点数は、2年間で合わせて2点ないし3点程度とする。

第 6 条　賞の授与

1）賞の授与は、会員1人につき論文と著作のそれぞれについて1回を限度とする。

2）賞の授与は、年次大会総会において行う。

3）賞の授与は、表彰のみとする。

第 7 条　選考委員会への委任

この規則に定めるものの他、必要な事項は選考委員会が決定する。

第 8 条　規則の改定

　　　　　本規則の改正については、理事会の議を経て総会の承認を得るものとする。

附則1　　本規則は2012年9月29日より施行する。

附則2　　本改正案は2016年9月10日開催の総会終了後より施行する。

研究大会における自然災害等への対応に関する申し合わせ

2020年10月21日　2020年度総会決定

本学会が主催する研究大会等（年次研究大会や公開研究会）の開催時における自然災害等への対応については、参加者の安全確保を最優先とし、被害の未然防止の観点から、開催内容の変更・中止について原則として以下のように定める。但し、実際の運用にあたっては、大会校の所在地、自然災害等の種類や発生の程度、公共交通機関の運行状況等により臨機応変に対応する。

１．研究大会の中止等に係る決定及び告知

　自然災害等が発生した場合、参加者の安全を確保し、被害や混乱を避けるため、学会会長、学会事務局長、大会実行委員長は直ちに協議を行い、研究大会の中止等を含む対応を決定する。

　なお決定に関する告知は、大会ホームページ、学会ホームページ、および大会校の受付付近での掲示により行う。

２．対応協議の目安

目安となる時点	対応協議の前提となる状況	原則となる対応
開催日以前	大会会場を含む地域に、特別警報や避難準備にあたる「警戒レベル3」が発令され、大会校最寄り駅を含む区間の全線において鉄道など公共交通機関の計画運休が発表された場合	計画運休時間帯の開催を中止する

開催当日の大会受付開始2時間前までに	大会会場を含む地域に、特別警報や避難準備にあたる「警戒レベル3」が発令中であるか、大会校最寄り駅を含む区間の全線で鉄道など公共交通機関の運休または運転の見合わせが発生している場合	午前の開催を中止する
開催当日の午後のプログラム開始2時間前までに		午後の開催を中止する
大会開催中	大会会場を含む地域に、特別警報や避難準備にあたる「警戒レベル3」が発令されるか、大会校最寄り駅を含む区間の全線で鉄道など公共交通機関の運休または運転の見合わせが発生した場合	可能な限り速やかに大会を中止し、以後の当日のプログラムを取り止める

3. 状況が回復し大会の開始または再開が可能になった場合

　上記2.の「対応協議の前提となる状況」が回復し、大会の開始または再開が可能になった場合は、大会を開始または再開する。その場合には、原則としてその時間に予定されていたプログラムを実施する。ただし総会は他事に優先する。

4. 研究大会の中止・不開催に伴う措置

中止・不開催となった事項	対応措置
総会	別日に総会資料を全会員に示し、審議事項についての意見を1か月間求め、異議がない議案については承認されたものとする。異議が提出された議案については、理事会で対応を協議する。但し、予算に関しては必要に応じて執行する。
研究大会	当日発表予定であった研究発表は、大会要旨集への要旨の掲載をもって大会で発表が行われたものとして扱う。代替日は設けない。 大会参加費については、既に大会準備等で経費が発生していることから返金しないが、大会要旨集は会場で手渡しするか、送付する。
懇親会	懇親会費は原則として返金する。振り込みの場合は、振り込み手数料を差し引いた額を返金する。

5. 被害への対応

　開催中に何らかの被害が生じた場合は、学会会長、学会事務局長、大会実行委員長で協議を行い、参加者の安全確保と被害拡大防止に向け、適切な対応を行う。

　参加者の自宅等から会場までの往復経路における事故等に関しては、参加者個

人の責任によるものとし、学会は一切の責任を負わない。

以上

個人情報の取り扱いに係る申し合わせ

2012年 9月29日　2012年度第1回理事会決定

日本国際教育学会規則第4条「会員の権利義務」第2項「研究活動に参加する権利」およびに第3項「会費納入の義務」に関し、本学会が会の運営のために収集した会員の個人情報の取り扱いに関する申し合わせを次のように定める。

１．収集の目的と対象

学会の学術研究のための会務および活動を行うため、会員あるいは本学会の活動に参加を希望する非会員から、第2項に定めるような特定の個人が識別できる情報を必要な範囲で収集する。個人情報収集の際は、その目的を明示するとともに、情報の提供は提供者の意思に基づいて行われることを原則とする。

２．個人情報の範囲

特定の個人が識別できる情報の範囲とは、会員の氏名、所属・職名、生年月日、国籍、連絡先（[自宅住所、自宅電話番号、自宅ファックス番号、自宅電子メールアドレス]、[所属先住所、所属先電話番号、所属先ファックス番号、所属先電子メールアドレス]）、研究領域・テーマ、主な研究経歴・業績、会費納入状況、その他の学会賞の選考や役員選挙等に必要な情報を指す。

３．情報開示の目的

1) 会員の個人情報は、本学会の目的の達成および本学会の運営のため、ならびに会員相互の研究上の連絡に必要な場合に、必要な会員に開示する。開示を受けた会員は前述した目的以外の目的のために個人情報を使用してはならない。

2) 理事、事務局構成員などの役職にある者の氏名と役職名は、本学会ホーム

ページ、紀要、ニューズレター等において開示される。

4．情報開示の範囲

本学会の理事、事務局構成員、各種委員会の委員は、その職務に必要な限りにおいて、本学会が収集した個人情報を本申し合わせ第1項のもとに知ることができる。それ以外の会員は、会員の氏名、所属・職名、国籍、連絡先（［自宅住所、自宅電話番号、自宅ファックス番号、自宅電子メールアドレス］、［所属先住所、所属先電話番号、所属先ファックス番号、所属先電子メールアドレス］）、研究領域・テーマを、情報提供者の同意を原則として、個人情報保護法および関連する諸規則のもとに知ることができる。

5．情報の譲渡

個人情報は原則として会員外への開示および譲渡を禁止する。但し、本学会の運営のため、あるいは本学会の活動の目的達成のために理事会において承認された場合はこの限りではない。また、役員が在任期間中に知り得た会員の個人情報は、その役を退いた時は速やかに適切な方法により破棄することとする。

6．会員名簿の発行と取り扱い

本学会は会員の名簿を発行する。会員名簿は、本学会の活動、役員の選挙、および研究上の連絡のために作成し、必要な情報を提供者の同意のもとに掲載する。同意が得られない場合は、その情報を掲載しない。会員は名簿を第三者に譲渡・貸与してはならない。また、その管理には十分に留意し、紛失等がないようにしなければならない。会員名簿は本学会の運営および研究上の連絡のためにのみ使用する。

7．個人情報の管理・保存・破棄

本学会会員の個人情報は適切に管理し、外部への漏洩、改ざん、または紛失のないようにする。個人情報を記載した文書の保存や破棄については、その内容と種類に応じて理事会で決定する。

8．申し合わせの効力・改正

本申し合わせの改正は理事会の決議を経て行い、会員には本学会ホームページ、紀要、およびニューズレター等で告知する。改正の効力は、改正以前に収集された個人情報に及ぶものとする。

以上

会費納入に係る申し合わせ

2012年 9月29日　2012年度第1回理事会決定

日本国際教育学会規則第4条「会員の権利義務」第3項「会費納入の義務」に関する申し合わせを次のように定める。

1．会費納入と紀要の頒布

会費未納者に対しては、その未納会費の年度に対応する学会紀要の送付を留保する。

2．会費納入と大会・研究会等での発表資格

研究大会および春季研究会における発表申込者（共同研究者を含む場合はその全員）は、会費を完納した会員でなければならない。入会希望者の場合は、発表申込期限までに入会申込を行い、当該大会・研究会開催日までに理事会において入会の承認がなされていなければならない。

3．会費納入と紀要投稿資格

学会紀要への投稿者（共同執筆者がいる場合はその全員）は、投稿締切日までに当該年度までの会費を完納している会員でなければならない。入会希望者の場合は、投稿締切日までに理事会において入会が承認され、当該年度の会費を納入していなければならない。

4．会費納入と退会

退会を希望する会員は、退会を届け出た日の属する年度までの会費を完納していなければならない。退会の意向は学会事務局に書面をもって届け出るものとする。

5．会費納入催告の手続き

会費が3年度にわたって未納となっている会員は、次の手続きにより除籍する。ただし、名誉理事、および日本国外在住の者はこの限りではない。

1）未納2年目の会計年度終了後、当該会費未納会員に対し、会員資格を停止

するとともに会費未納の解消を直ちに催告する。

2）未納3年目の会計年度末までに会費未納を解消しなかった会員の名簿を調製し、翌年度最初の理事会の議を経て除籍を決定する。

3）会費未納による除籍者は、会費完納年度末日をもって会員資格を失ったものとする。

6．会費未納と催告手段

会費が2年度にわたって未納であり、届け出られた連絡先への連絡をはじめとし、いかなる手段によっても連絡が取れない会員については、前項の規定にかかわらず会費完納年度末日をもって除籍とする。

7．会費納入期限

本学会の会期は8月1日から7月31日であり、会計年度もまた同様である。会員は、新年度の会費をなるべく9月末日までに払い込むものとする。

8．会費払込額の過不足の取り扱い

会費は、規定額を払い込むものとする。払込額が当該年度会費に満たない場合は、追加払込により満額になるまでは未納として扱う。払込額が当該年度会費の規定額を超過していた場合には、次年度以降の会費に充当する。

9．本申し合わせの効力・改正

本申し合わせの改正は理事会の決議を経て行い、会員には本学会ホームページ、紀要、およびニューズレター等で告知する。

以上

学会費及び振込先

会員の種類	年額（日本円）
正会員	10,000円
賛助会員	7,000円
学生会員	6,000円
紀要定期購読	3,000円
郵便振替口座	
口座名義	日本国際教育学会
口座番号	00130-7-124562
ゆうちょ銀行	
金融機関コード	9900
店番	019
預金種目	当座
店名	〇一九（ゼロイチキユウ）
口座番号	0124562

日本国際教育学会紀要編集規程

1990年11月25日　創立総会決定
2005年11月12日　第15回総会一部改正
2011年 9月10日　第22回総会一部改正
2012年 9月29日　　総会一部改正

第 1 条　**目的**

本規程は、日本国際教育学会規則（以下、本則という）第6条第5項の規定に基づき、紀要編集を円滑かつ公正に行い、学術水準の維持と向上を図ることを目的として制定する。

第 2 条　**編集委員会**

1）編集委員会を構成する者の任期は2年とする。ただし、再任を妨げない。

2）編集委員長は、編集委員会の召集、司会、及び本規程で別に定める任務の遂行に当たる。ただし、委員長が特別の事情によりその任務を果たせない場合は、副委員長がこれを代行する。

3）編集委員会は、編集委員長及び副委員長を含む編集委員の過半数の出席を以て成立する。ただし、編集委員会に出席できない委員の委任状を出席者数に加算することができる。

4）編集委員会は、それに欠員の生じた場合は、直ちに理事会に補充を要請するものとする。

第 3 条　**審査権及び編集権**

編集委員会は、投稿ないし寄稿原稿の審査及びその編集に関わる一切の権限を有しその義務を負う。原稿の審査及び採否の決定は、専ら編集委員会の合議による。また、編集委員会は、投稿（寄稿）者等との間で、紀要出版に関わる協定を締結するものとする。協定内容については別に定める。

第 4 条　紀要の名称

　　　　紀要の正式名称を『日本国際教育学会紀要』とする。ただし、編集委員会は、その編集方針ないし企画に応じて、表紙に特定の標題を掲げることができる。

第 5 条　紀要の内容

　　　　紀要の内容は、論文、研究ノート、調査報告、教育情報、書評、資料紹介、その他を以て構成する。

第 6 条　投稿及び寄稿

　　1）正会員及び賛助会員は、論文、研究ノート、調査報告、教育情報、資料紹介の全てについて自由投稿の権利を有する。非会員が投稿を希望する場合は、予め入会を申し込まなければならない。投稿要領は、これを別に定める。

　　2）編集委員会は、その編集方針ないし企画に応じて、会員及び非会員に寄稿を依頼することができる。

　　3）編集委員会を構成する者の投稿は妨げない。

第 7 条　審査手続き

　　　　審査は、次に示す第1段審査と第2段審査からなる。

　　（1）第1段審査

　　　1）投稿論文は、第1段審査を経なければならない。

　　　2）第1段審査は、投稿者の氏名及び所属を伏せて行う。

　　　3）編集委員長は、編集委員の中から専門性を考慮して各論文につき2名の審査担当者を指名する。ただし、編集委員の中に適任者を欠く場合は、その1名を編集委員以外の会員ないし非会員に委嘱することができる。

　　　4）編集委員会を構成する者の投稿論文の審査については、その審査担当者は1名を編集委員以外の会員ないし非会員に委嘱しなければならない。

　　　5）編集委員長は、論文の原本を保管し、投稿者の氏名及び所属を伏せた論文複写を2名の審査担当者に送付する。

　　　6）審査担当者は、相互に独立して審査を行い、その審査結果を文

書として編集委員会に提出する。

7）編集委員会は、審査担当者の提出した文書に基づき合議し、採否を決定する。

8）編集委員会を構成する者の投稿論文の審査に際しては、投稿者の同席を認めない。

9）採択が期待される原稿であって、なお再考ないし修正を要する箇所があると判断されるものについては、それに条件を付して採択することができる。

（2）第2段審査

1）第1段審査において条件を付して採択された投稿論文と研究ノート、及び寄稿論文、調査報告、教育情報、資料紹介は、第2段審査を経なければならない。

2）第2段審査は、投稿者ないし寄稿者の氏名及び所属を明示して行うことができる。

3）第1段審査において条件を付し採択された投稿論文については、再考ないし修正の結果を審査し、採否を最終決定する。

4）編集委員会の依頼による寄稿論文については、前項（1）の3）、6）、7）及び9）の審査手続きに準じて審査する。

5）調査報告、教育情報、資料紹介については、編集委員長を審査担当者として審査を行い、編集委員会の合議により採否を決定する。ただし、採択に際して、再考ないし修正の要求等、必要な条件を付することができる。

第 8 条　採否の通知及び証明

編集委員会は、採否が最終決定した原稿については、投稿者ないし寄稿者にその旨通知しなければならない。また、委員長は、採択が最終決定した原稿については、投稿者ないし寄稿者の求めがあれば、その証明を発行することができる。

第 9 条　倫理規定

1）寄稿依頼については、専ら専門的学識ないし社会的実績を基準とし、特定の社会集団に偏らないよう配慮して、編集委員会の合意

によりなされなければならない。

2）編集委員会は、投稿ないし寄稿原稿のいずれに対しても、その審査過程において加筆や修正を施してはならない。

3）守秘義務

編集委員会は、投稿者ないし寄稿者の利益と名誉に配慮し、原稿の内容、審査の経過及び結果の全てに関し守秘義務を負う。

4）不服申し立てに対する回答

編集委員会は、原稿の審査及びその編集について不服の申し立てがあった場合は、文書により必要な回答を行うものとする。ただし、その回答は、編集委員会の総意に基づき、委員長ないし審査担当者が行い、回数は2回以内に限るものとする。

5）偽作、盗作、二重投稿等の事実が判明した場合は、採択ないし掲載の事実を取り消し、その旨を告知する。

第10条　刊行及び頒布

紀要の刊行は原則として毎年度1回とし、有償頒布するものとする。ただし、正規の会費を納入した会員及び理事会が必要と認めた機関、団体、個人に対しては無償配布とする。

第11条　著作権

紀要に掲載された論稿等については、その著作権のうち、複製権（電子化する権利を含む）、公衆送信権（公開する権利を含む）は、これを日本国際教育学会が無償で保有するものとする。

第12条　記事の転載

第11条および第12条第1項の規定にかかわらず、次の各号に定める場合には、紀要に掲載された論稿等の著作者は本学会の許諾を得ることなくその著作物を利用できるものとする。ただし、いずれの場合も、出典（掲載誌名、巻号、出版年、ページ）を明記しなければならない。

（1）掲載誌発行日より1年を経過したものを著作者が著作物を著作者自身による編集著作物に転載する場合。

（2）掲載誌発行日より1年を経過したものを著作者の所属する法人も

しくは団体等のウェブサイトに転載する場合（機関リポジトリへの保存および公開を含む）。

第１３条　**本規定の改正**

本規定の改正は、本則第9条に定める改正手続きに準じるものとする。

第１４条　**本規程の発効**

本規程は、1990年11月25日を以て発効する。

Provisions for Editing Bulletins of the Japan International Education Society

Article 1   Objective

The objective of these provisions is to maintain and improve the academic standard by means of conducting smooth and fair editing of the bulletin under the regulations of the Japan International Education Society (hereinafter called Main Provisions), Article 6 Paragraph 5.

Article 2   Committee for Editing Bulletins

1) The term of office designated for persons constituting the Committee shall be two (2) years and they may be re-elected.

2) The chairman of the Committee shall perform his or her duties such as calling Committee, presiding over the meeting and other duties separately specified in these Provisions, provided however, that if he or she cannot perform the duties due to any particular circumstances, the vice-chair man shall perform the duties in their place.

3) The quorum required for the Committee shall be a majority of the Committee members present, including the chairman and the vice-chairman of the Committee, however, letters of proxy submitted by regular members who cannot be present at the meeting may be added to the number of those present.

4) In the event of any vacancy of members, the Committee shall immediately request the Board of Directors to fill up such vacancy.

Article 3   Rights to Examination and Editing

The Committee shall be authorized to conduct any and all operations involved with the examination and the editing for manuscripts contributed, and shall have obligation to perform this. The examination and the decision of adoption shall be made by mutual consent. The Committee shall make an agreement with the contributor about the publication of their manuscript in the Bulletin. The contents of the agreement shall be decided and provided separately.

Article 4   Name of Bulletins

The official name of the bulletin shall be the "Bulletin of the Japan International Education Society". The Committee is entitled to bear any particular title on the surface cover in accordance with the editorial policy and its planning.

Article 5   Contents of Bulletin

Contents of the bulletin shall be composed of treatises, survey reports, educational information, book reviews, introduction of data, and others.

Article 6   Contributions

1) The regular and supporting members shall have the right of contribution without any limitation with regard to any kind of treatises, survey reports, educational information, introduction of data and others. If any non-member wishes to contribute, he or she should make a prior application for admission. The contribution procedures shall be provided separately.

2) The Committee is entitled to request for any contribution from the members or non-members according to the editorial policy and planning.

3) The contribution by members constituting the Committee shall not be restricted.

Article 7   Proceeding for Examination

The examination is composed of two stages, a first and second stage of examination.

(1) The first stage of examination

1) Every treatise contributed shall pass firstly through a first stage of examination.

2) The first stage of examination shall be conducted keeping contributor's names and their groups secrete.

3) The chairman of the Committee shall designate two (2) persons in charge of examining each treatise from the Committee members taking account of their professional area.

However, if any member is not qualified to be an examiner, the chairman is entitled to entrust the duty with any other member not belonging to the

Committee or with any other non-member as one of two such members for examination.

4) In examining the treatise contributed by members of the Committee, one of examiners with whom the examination is entrusted must be a member other than the Committee or be a non-member.

5) The chairman of the Committee shall keep the original treatise and deliver two (2) copies of such treatise to two (2) examiners with contributor's names confidential.

6) Persons in charge of examination shall examine papers independently from each other, and submit the results in writing to the Committee.

7) The Committee shall hold a meeting to determine the adoption of said document by mutual consent presented by such examiners.

8) Any contributor who is a member of the Committee shall not be permitted to be present in examination of his or her treatise.

9) If any treatise is recommended to be adopted but part of which is required to be reconsidered or modified at the discretion of the Committee, the treatise may be adopted conditionally with due regard to such part.

(2) The second stage of examination

1) Any such treatise adopted conditionally, and survey report, educational information, and introduction of data, shall pass through the second stage of examination.

2) The second stage of examination shall be conducted with contributor's names and their group names disclosed expressly.

3) With reference to the contributed treatise adopted conditionally at the first stage of examination, such a part reconsidered or modified shall be examined to determine finally whether it should be adopted.

4) Any treatise contributed through the request from the Committee shall be examined subject to the examination proceedings specified in the preceding paragraphs (1) 3), 6), 7) and 9).

5) Survey reports, educational information, and the introduction of data shall be examined by the chairman of the Committee as chief examiner, and the

adoption shall be determined by mutual consent of the Committee, provided that any additional conditions necessary for its adoption may be established such as the request for reconsideration or modification.

Article 8   **Notification and Certificate of Adoption**

Upon finally deciding to adopt the manuscript, the Committee must notify the contributor of said adoption. The chairman of the Committee may also issue its certificate upon request from the contributor for said manuscript as finally determined in the adoption.

Article 9   **Ethical Provisions**

1) The request for contribution shall be made under agreement among members in the Committee exclusively based on the special scholarship or social results, while taking care not to have a bias toward any particular group.

2) The Committee shall not add any matter nor introduce any modification to the manuscripts under examination.

3) Secrecy maintenance

The committee shall maintain its secrecy obligation for any and all contents of manuscripts, the progress of the examinations, and the results for the benefit and the honor of contributors.

4) Reply to raised objection

The Committee shall make a necessary reply in writing to any objection raised against the examination and the editing of the manuscripts. However, the reply shall be given by the chairman of the Committee or examiners in charge based on the unanimous agreement of the Committee but limited up to two times per manuscript.

5) Should it turn out that the manuscript is counterfeit, plagiarized or one which has been published already or is under consideration for publication elsewhere, its adoption or publication shall be withdrawn and the fact will be made public.

Article 10   **Publication and Distribution**

The bulletins shall be published once a year in principle with charge, provided that they are distributed free of charge to any member who have duly paid the members fee or to such institutions, groups or individuals as particularly approved by the Board of Directors.

Article 11　Copyright

With regard to the copyright of articles carried in the bulletins, the Society holds the right of reproduction (including the right to digitize articles) and the right of public transmission (including the right to make articles public) without compensation.

Article 12　Reprint of Articles

Notwithstanding the provisions of Article 11 and paragraph (1) of Article 12, authors who fall under any of the following items can reproduce their articles carried in the bulletins without any consent from the Society. However, in either case below, the name of the bulletin, volume and issue number, year of the publication, and page numbers should be specified.

(1) If an author wishes to reprint his or her article in a book he or she is currently writing or editing, after one year has elapsed since the publication of the original articles.

(2) If an author wishes to reproduce his or her article on the web site of the institution he or she is affiliated with, after one year has elapsed since the publication of the original articles (including archiving and publications in the institution's repository).

Article 13　Amendment of These Provisions

Any amendment of these Provisions shall be subject to the procedure for amendment stipulated in Article 9 of the Main Provisions.

Article 14　Effective Date of These Provisions

These Provisions shall be effective on and after November 25, 1990.

日本国際教育学会紀要『国際教育』第30号投稿要領

　日本国際教育学会紀要編集委員会では『国際教育』第30号の発刊に際し、自由投稿研究論文、研究ノート、調査報告、教育情報、資料紹介を募集いたします（2024年3月1日必着）。投稿希望の会員は以下の要領にしたがって投稿して下さい。なお、投稿原稿の募集に関しては、本学会公式ウェブサイト（http://www.jies.gr.jp/）の「学会紀要」のページで「編集規程」および「投稿要領」に関する最新情報を必ず確認するようにして下さい。

１．投稿要領（論文・その他）
（１）投稿資格
　　　投稿資格は、日本国際教育学会の会員に限られる。投稿に際して、入会審査が完了していること、当該年度の会費を完納していることが投稿の条件となる。
（２）投稿論文（等）のテーマ
　　　論文（等）のテーマは日本国際教育学会活動の趣旨に沿うものとする。
（３）投稿原稿の要件
　　①　投稿原稿は、口頭発表の場合を除き，未発表のものに限る。
　　②　使用言語は、日本語、英語、中国語のいずれかとする。
　　③　他の学会誌や研究紀要などへの投稿原稿と著しく重複する内容の原稿を本誌に併行して投稿することは認めない。
　　④　前号に論文（等）が採用された者の連続投稿は原則として認めない。
　　⑤　本投稿要領に反する原稿は受理できない。
（４）投稿原稿の種類
　　①　研究論文：国際教育に関する理論的知見を伴う研究成果であり、独創性のある実証的または理論的な論考。
　　②　研究ノート：論文に準じ、断片的に得られた研究成果や調査成果であり、特に新しい知見、萌芽的な研究課題、少数事例、新しい調査・研究方法、などの発見・提起に関する考察で発展性のあるもの。
　　③　調査報告：国際教育に関する調査の報告であり、調査の目的と方法が明確で、なおかつ調査結果の分析と解釈が妥当で資料的価値が認められるもの。
　　④　教育情報：国際教育の参考となる研究・実践・政策等に関する情報で、

速報性と話題性の観点から研究上の価値が認められるもの。

⑤ 資料紹介：国際教育の参考となる資料の紹介であり、国際教育の研究と実践においてその資料を広く共有することの意義が認められるもの。

（5）原稿の様式

① 原稿は、図や表、脚注を含めて全て横書き、ワープロ書き、10.5 ポイントとし、Ａ4判用紙を使用することとする。

② 和文、中文は、1行40字×40行（1,600字）で印字する。英文はダブル・スペース22行とする。

③ 執筆分量は下表の通りとする。

投稿原稿の別	ページ数制限
研究論文（Research Paper）	和文 10 ページ以内 英文 23 ページ以内 中文 6 ページ以内
研究ノート（Research Note）	和文 8 ページ以内 英文 19 ページ以内 中文 5 ページ以内
調査報告（Research Report） 教育情報（Research Information） 資料紹介（Data）	和文 5 ページ以内 英文 15 ページ以内 中文 3 ページ以内

④ 英文原稿はAmerican Psychological Association's Manual of Style, 7th Edition に準拠する。

⑤ 日本語及び英語でキーワード（それぞれ5つ以内）を挙げる。

⑥ 題目は12 ポイントとし、日本語・中国語の場合は副題も含めて30字以内、英語の場合は15 words以内とする。

⑦ キーワードの後、1行あけて、本文を執筆する。

⑧ 「注」と「引用・参考文献」は分けて記述する。「注」は注釈として用い、「引用・参考文献」は論文で用いた文献リストを論文末に挙げること。

〈表記例〉

【注】

1）本稿では〇〇の対象を△△に限定する。

【引用・参考文献】

日本国際教育学会創立20周年記念年報編集委員会編（2010）『国際教育学の展開と多文化共生』学文社。

〈本文中の引用文献の表記例〉

文中の場合：伊藤（2004）によれば・・・

文末の場合：・・・（伊藤 2004, p. 10）。

⑧　原稿にはページ番号を付す。

⑨　審査の公平を期するため、提出する原稿において「拙著」「拙稿」の表現や、研究助成や共同研究者・研究協力者等に対する謝辞など、投稿者名が判明するような記述は行わない。

⑩　投稿に際しては、十分に推敲を行うこと。特に外国語を使用する場合、誤字・誤記あるいは文法的誤りのないように十全の準備を行い投稿すること。

（6）原稿送付方法

①　投稿の際は、以下の3点（投稿原稿、要旨・日本語訳、別紙＜A4判、投稿原稿種の区分と連絡先＞）の電子ファイルを、原則としてemailにて下記アドレスに提出する。

②　原稿は、Microsoft Word（拡張子docもしくはdocx.）にて作成し、無記名で提出する。

③　和文論文には英語500語以内の要旨、英語・中国語論文には日本語の要旨（A4×1枚以内。字数は上記規定に準拠する）をMicrosoft Word（拡張子docもしくはdocx.）にて作成し、無記名にて提出する。英文要旨にはその日本語訳をつける。

④　別紙（A4判）に、1) 投稿原稿種の区分、2) 原稿の題目、3) 氏名（日本語・英語）、4) 所属・職名（日本語・英語）、5) キーワード、6) 連絡先（住所、電話、メールアドレス）を記入して提出する。

⑤　提出後の原稿の差し替えは認めない。また原稿は返却しない。

⑥　投稿する論文（等）と内容の面で重複する部分を含む論文（等）を既

に発表ないし投稿している場合は、その論文（等）のコピーを1部添
　　付する（郵送可）。
（7）原稿送付期限
　　投稿原稿は2024年3月1日（必着）までに、紀要編集委員会宛に提出するも
　　のとする。投稿原稿は、紀要編集委員会において審査を行い、採択、修正の
　　うえ再審査、不採択が決定され、投稿者に通知される。再審査の場合、定め
　　られた期間内での原稿修正の権利が与えられる。

2．問い合わせ先／原稿送付先
　　・日本国際教育学会紀要編集委員会
　　　E-mail: jies.hensyu2324@gmail.com
　　・日本国際教育学会紀要編集委員会委員長　澤田敬人
　　　〒422-8526　静岡市駿河区谷田52-1
　　　静岡県立大学国際関係学部　澤田敬人研究室気付
　　　E-mail: sawada@u-shizuoka-ken.ac.jp

※論文提出後3日以内に受領確認メールが届かない場合は、上記編集委員会に必
　ず問い合わせてください。

ADDITIONAL GUIDELINES FOR ENGLISH MANUSCRIPTS
CALL FOR PAPERS: JOURNAL of INTERNATIONAL EDUCATION, Volume 30

Submissions to the 30th edition of the Journal of International Education are now being accepted, with a deadline of March 1, 2024. Authors making submissions in English should review the following guidelines. Any manuscripts not conforming to this procedure will not be accepted. Authors should also refer to the latest version of this procedure in addition to the Provisions for Editing Bulletins of JIES on the JIES website (http://www.jies.gr.jp/) before submission.

1. Conditions for accepting manuscripts
    (1) Manuscripts must be original work of the author(s).
    (2) Journal of International Education (JIE) considers all manuscripts on the strict condition that they have been submitted only to JIE, that they have not yet been published, nor are they under consideration for publication elsewhere.
    (3) Authors whose papers were accepted in the previous year cannot submit in the present year.

2. Submission
    (1) Papers should be double spaced, submitted on A4-size paper, and contain twenty-two lines per page. Margins on the top, bottom, and sides should be no shorter than 2.5 centimeters (i.e., one inch). The title should be typeset in 12pt font in 15 words and the body of the paper should be typeset in 10.5pt font. Papers, when properly formatted, must not exceed the size limits stated for the paper categories as follows:

Submission category	Size Limit
Research Paper	23 pages, including all text, references, appendices, and figures.
Research Note	19 pages, including all text, references, appendices, and figures.
Research Report	15 pages, including all text, references, appendices, and figures.
Research Information	
Data	

(2) A key word (within 5 of each) should be mentioned in Japanese and English. And,"Note" and "reference" should be separated and described. "Note" is employed as a notation. "Quotation and reference book" mention the document list used by a thesis at the thesis end..

<Example>
[Note]
1) ・ ・ ・
2) ・ ・ ・

[Quotation and reference book]
Smith, J. (2000). *The educational challenges of the new century*. New York: Broadway Publishing.
Pavil, S. (1997). Capitalizing on cultural capital: The movement of knowledge through corporations.
Harvard Business Journal, 14 (1), 654-675.

<Example of cited literature in the thesis>
In case of Bunchu : According to Smith(2004).
In case of the end of sentence: : (Smith, 2004, p. 10).

(3) We require that manuscripts be submitted to Editorial Office's email address (jies. hensyu2324@gmail.com). If contributors are unable to access email, we will accept disk/CD/USB Flash submissions by mail at the address below.

(4) A cover sheet should include the category of the manuscript (choose one from this list: research paper; research note; research report; research information; data), title, author's name, author's affiliation, key-words, mailing address, telephone/ fax number, and e-mail address.

(5) A completed manuscript should be submitted and cannot be returned or replaced once submitted.

(6) All English manuscripts must include a Japanese abstract that is no longer than one page in length (A4 size).

(7) For pagination, use Arabic numerals.

(8) The manuscripts should not have any textual references to the author(s). References to the author's names should be blacked out. The acknowledgements should not be included at the time of submission.

3. Style and format

For general guidelines on appropriate style and format, please refer to the Publication Manual of the American Psychological Association, 7th Edition.

Example:

Smith, J. (2000). *The educational challenges of the new century*. New York: Broadway Publishing.

Pavil, S. (1997). Capitalizing on cultural capital: The movement of knowledge through corporations. *Harvard Business Journal*, 14 (1), 654-675.

4. Decision to accept

All manuscripts will be accepted without revisions; accepted conditionally, with stipulations for more revisions; or rejected. In the case of conditional acceptance, the Editorial Committee reserves the right to reject a manuscript after revisions have been made if revisions are deemed insufficient.

5. All authors are encouraged to have their manuscript copy-edited before submitting the paper, especially authors for whom English is a foreign language. Writers who submit manuscripts that have typographical and/or grammatical errors risk having their papers rejected.

Please send all submissions by e-mail to:

Editorial Office: jies.hensyu2324@gmail.com

Takahito Sawada, Ph.D.

School of International Relations, University of Shizuoka

52-1 Yada, Suruga-ku, Shizuoka-shi, 422-8526, JAPAN

E-mail: sawada@u-shizuoka-ken.ac.jp

You will receive an email confirmation stating that your manuscript has been submitted. If you do not receive this in 3 days, please contact the editorial office by e-mail (jies.hensyu2324@gmail.com) .

公開シンポジウム・課題研究の報告（依頼原稿）執筆要領

１．原稿分量

（１）所定のフォーマット（別添のWordファイル）を用いて和文4ページとする。フォーマットに従えば『国際教育』4ページ分となる。

（２）1ページ目は1行36字で22行とする。コーナー名、タイトル、氏名、所属は行数に含めない。キーワード、小見出しの書き方はフォーマットに従う。何も書かない行がある場合も行数に含め、22行までの制限に従う。

2ページ目以降はすべてのページを1行36字で30行とする。小見出しの書き方はフォーマットの1ページ目で示した書き方に従う。何も書かない行がある場合も行数に含め、30行までの制限に従う。

２．原稿の様式

（１）原稿はパソコンで作成し、図や表、脚注を含めて全て横書き、10.5ポイントとし、所定のフォーマットに従った上でA4判用紙を使用する。

（２）「注」と「引用・参考文献」は分けて記述する。「注」は注釈として用い、「引用・参考文献」は論文で用いた文献リストを論文末に挙げる。

〈表記例〉

【注】

1）本稿では○○の対象を△△に限定する。

【引用・参考文献】

日本国際教育学会創立20周年記念年報編集委員会編（2010）『国際教育学の展開と多文化共生』学文社。

〈本文中の引用文献の表記例〉

文中の場合：伊藤（2004）によれば…

文末の場合：…（伊藤 2004, p. 10）。

（４）原稿にはページ番号を付す。

（５）編集委員会で様式の確認はするが、依頼原稿のため査読はない。

３．提出期日：2024年4月末日【必着】

４．提出方法：司会者（企画責任者）が取りまとめ，一括して提出する。

５．提出先：日本国際教育学会紀要編集委員会

委員長　澤田敬人宛

jies.hensyu2324@gmail.com

Writing reports on public symposiums and task-oriented research (commissioned manuscripts): an overview

1. Manuscript volume
   Each manuscript has a strict limit of 60 lines. *This is 4 pages in the format employed by the bulletin.

2. Manuscript format
   (1) Manuscripts should be entirely in horizontal text, including diagrams, charts, and footnotes.
   (2) Manuscripts should be double spaced, submitted on A4-size paper, and contain twenty-two lines per page. Margins on the top, bottom, and sides should be no shorter than 2.5 centimeters (i.e., one inch). The title should be typeset in 12pt font in 15 words and the body of the paper should be typeset in 10.5pt font.
   (3) Please list "notes" and "citations and references" separately. "Notes" are to be used for comments, and "citations and references" for a list of publications used for the article, placed at the end of the text.
   [Example of notation]
   Notes
   1. In this manuscript, the subject of X is limited to Y.

   Citations and references
   Japan International Education Society 20th Anniversary Commemorative Annual Report, Editorial Board (ed.) (2010), "The development of international education studies and multicultural coexistence", Gakubunsha

   [Example of inclusion of reference materials in the body text]
   Within a sentence: "According to Ito (2004), ⋯"
   At the end of a sentence: (Ito, 2004, p.10).
   (4) The manuscript should include page numbers.
   (5) The Editorial Board will check the format, but since these are commissioned manuscripts, there will be no reviews.

3. Submission deadline: Final day of April, 2023 [Deadline for manuscripts to arrive]
4. Submission method: A member of the Society (responsible for planning) will collect the manuscripts and submit them together.
5. Submit to: Editorial Office: jies.hensyu2324@gmail.com

日本国際教育学会役員一覧（第33～34期）

役職	氏名	所属	担当
会長	佐藤 千津	国際基督教大学	———
副会長	Zane Diamond	Monash University	———
理事	赤尾 勝己	関西大学	研究大会（第34回）
同	岩﨑 正吾	首都大学東京（名誉教授）	規程
同	呉 世蓮	関東学院大学	事務局（総務）
同	太田 浩	一橋大学	組織
同	大谷 杏	福知山公立大学	Newsletter
同	小川 佳万	広島大学	研究大会（第35回）
同	栗栖 淳	国士舘大学	研究
同	Jeffry Gayman	北海道大学	国際交流
同	澤田 敬人	静岡県立大学	紀要
同	下田 誠	東京学芸大学	規程
同	玉井 康之	北海道教育大学	組織
同	新関ヴァッド郁代	産業能率大学	事務局（広報）
同	服部 美奈	名古屋大学	学会賞
同	平山 雄大	お茶の水女子大学	事務局（事務局長）
同	前田 耕司	早稲田大学	リエゾン
同	吉田 尚史	福岡女学院大学	研究
同	楊 武勲	国立曁南国際大学	国際交流

編 集 後 記

　紀要第29号をお届けいたします。本号には、研究ノート2本、教育情報1本、書評1本、図書紹介2本、第33回研究大会報告（公開シンポジウム、課題研究Ⅰ、課題研究Ⅱ）を掲載しております。新型コロナウィルス感染症への対応を続ける中、オンラインによる大会開催での活発なご議論を本誌に記録することができ、大変喜ばしく存じます。また、掲載まで至った投稿原稿をお寄せいただいた執筆者の方々には心より御礼申し上げます。残念ながら掲載まで至らなかった方々には次の機会に向けてご精進いただきたく存じます。

　本号には、投稿原稿の応募締め切りである令和5年3月1日までに、研究論文6本、研究ノート3本、教育情報1本の投稿がありました。当学会の紀要編集規程および紀要第29号投稿要領の記載事項に則り、二段階の厳正な審査を経て以上のような結果となりました。二段階の審査では査読者の方々に多忙な中でお時間を割いて協力いただき、採択の判断への貴重なご意見を賜るとともに、投稿者への的確なご助言をいただきました。

　査読者の方々のご尽力にとりわけ感謝するのは、紀要がどのような雑誌で何を目指しているのかをご理解いただいたうえで査読をお引き受けいただき、投稿原稿がその方向性と水準に適合する内容と質を有しているのかを精査していただいていることがわかるからです。査読者の方々のご専門を考えた査読のご依頼をしておりますが、多くの場合一つ返事でお引き受けいただき大変感謝しております。

　本号への投稿原稿数を見る限りでは、新型コロナウィルス感染症の影響はなくなったかと見られます。しかし、まだ研究論文として発表するには十分ではないとの判断が相次いだことから考えますと、ここ数年の感染症への対応による厳しい状況から脱しきれず、研究の進捗への好ましくない影響が大きいままなのではないかと思いました。アフター・コロナの状況を見すえつつ、研究を本格的に軌道に乗せる必要を感じました。

　本号の紀要編集委員会では委員会をすべてオンラインで開催いたしましたが、これは新型コロナウィルス感染症への対応による判断ではありません。紀要編集委員会の業務でオンラインの利便性が高いときは積極的に活用しております。委員の皆様には国内外から委員会の業務にオンラインでご参加いただき、活発に意見を述べていただくことも多く有益でした。感謝申し上げます。

　最後になりましたが、学事出版株式会社の二井豪様、丸山英里様、学会執行部の佐藤千津会長、平山雄大事務局長、理事の先生方には刊行に向けてお力添えいただき厚く御礼申し上げます。

（紀要編集委員会委員長　澤田敬人）

日本国際教育学会紀要編集委員会
(2023年～2024年)

委 員 長	澤 田 敬 人	(静岡県立大学)
副委員長	渡 部 孝 子	(群馬大学)
委 員	阿 部 恵	(函館工業高等専門学校)
	石 井 由 理	(山口大学)
	新 見 有 紀 子	(東北大学)
	田 中 達 也	(釧路公立大学)
	寺 野 摩 弓	(国際協力機構・立命館APU非常勤)
	三 輪 千 明	(広島大学)
編集幹事	我 妻 鉄 也	(千葉大学)
英文校閲	Emma Parker	

『国際教育』第29号
編集者：日本国際教育学会『国際教育』編集委員会
発行者：日本国際教育学会
　　＜学会事務局＞
　　　〒112-8610　東京都文京区大塚2-1-1
　　　お茶の水女子大学グローバル協力センター　平山雄大研究室気付
　　＜『国際教育』編集委員会事務局＞
　　　E-mail：jies.hensyu2324@gmail.com
　　　〒422-8526　静岡市駿河区谷田52-1
　　　静岡県立大学国際関係学部　澤田敬人研究室気付
　　　E-mail：sawada@u-shizuoka-ken.ac.jp
印刷所：学事出版株式会社
　　　〒101-0051　東京都千代田区神田神保町1-2-5
発行日：2023年9月25日